# タクシードライバーぐるぐる日記

朝7時から都内を周回中、営収5万円まで帰庫できません

内田正治

# まえがき——最高年収556万円、最低年収184万円

「おい、どこ行くんだ！」

後部座席のお客が大声で怒鳴る。

浅草橋*付近で乗せたお客は「八重洲」とだけ言って自分の携帯電話で話し出した。新人の私は行き方がわからない。お客に聞こうと思っても電話の話が止まらない。おおよその方向に走って、昭和通り、中央通りもすぎて新常盤橋《しんときわばし》交差点*も直進したときだった。

私は思わず急ブレーキを踏んでいた。

今となれば、どちらかの道を左折しなければならないとわかる。

「すみません。お話し中だったものですから」

私は素直に詫びた。

「しょうがねえなあ。八重洲と言っただろ？」

**浅草橋**
駅はJR総武線、都営地下鉄がある。道は靖国通りと江戸通りの大きな交差点がある。老舗の人形店があり、昼はよくその駅づけをしていた。

**新常盤橋交差点**
この交差点を直進すると永代通りに突きあたる。そこを左折すれば八重洲方面へは可能だが、あきらかに遠回りとなる。

「すみません。まだこのあたりに詳しくないものですから」

「チッ」

30歳前後と思われるお客はあからさまに舌打ちをした。

「すみません。どちらの道で行けばいいか、教えていただけませんか」

当時の私は「すみません」が常套句になっていた。

この仕事の経済的な厳しさは承知していた。しかし、その社会的立場がどのようなものか、仕事をするうちに理解していった。私は数多《あまた》ある職業の中の一つだと思っていたが、現実は違っていた。

職業に貴賤《きせん》なし*というが、これはあくまで理想論だろう。きれいごとを抜きにいえば、私はこの仕事で社会のヒエラルキーを実感した。

お客の中には上から目線でストレスのはけ口をドライバーに向ける人もいた。お客の理不尽な言いがかりにも反論することなく、ぐっと我慢した。嫌なお客が降りた後、車内で「バカヤロー」と何度大声で怒鳴ったことだろう。


私はある事情で50歳のとき、それまでの仕事を失った。

**職業に貴賤なし**
昔、大阪のお笑い芸人が、タクシードライバーに向かって「駕籠（かご）かき雲助」と侮辱したと当のドライバーから訴えられた。結局、刑事事件は不起訴となったが、民事訴訟で大阪高裁から10万円の慰謝料の支払いを命じられた。民事訴訟までしたのは、きっとタク年老いた両親と、まだ大学生のひとり息子のために、生活の糧を稼がねばならない。なんの技術も特別な能力もない五十男に職業選択の余地*はなかった。とにかく早急に生活資金が必要だった。私はタクシードライバーとなった。

源泉徴収票を見返してみると、年収はもっとも多いとき（２００５年）で５５６万円、65歳で退職するときは１８４万円だった。

嫌なことは多かったが、それればかりではない。

お客からこの仕事を始めた理由を聞かれる。聞かれれば素直に話すようにしていた。内実を包み隠さず話せば、お客もまた心を開いて自らの境遇を語ることがある。長距離客と人生相談のような時間をすごしたこともあった。お客との触れ合いにこの仕事ならではの喜びを感じたこともある。

50歳でスタートし、65歳でリタイアするまで15年間*の体験を書きまとめた。

タクシードライバーの実情や、この仕事の成功の秘訣などの関連本はすでにいくつも出版されている。

それでも、私には私にしか書くことができない事実や思いがある。

15年におよぶ日々のあれこれを綴った。また、私の退職後に起こったコロナ禍

シードライバーの意地だったのだろう。

**職業選択の余地**
パソコンなどの機械にも疎く、持っている資格も普通免許くらいのものであった。年齢からいってもほかには警備員くらいしか思い浮かばなかった。

**15年間**
私の同僚たちの平均年齢は60歳超だったと思う。タクシードライバー歴20年、30年というベテランも掃いて捨てるほどいた。それでも私にとって15年という年月は短くはなかった。

はタクシー業界を直撃した。私の現役時代とくらべてもあらゆることが揺らいでいる。今も現役を続ける同僚に話を聞き、業界の激動ぶりも盛り込むことにした。本書にあるのはすべて嘘や作りごとのない実話*である。

同業者の方はもちろん、この業界を知らない人にもタクシー業界の悲喜劇を楽しんでいただければ幸いである。

**嘘や作りごとのない実話** 私が在籍した時代と現在とで状況が変化した部分もあるかと思う。またタクシー会社によって事情の違う面もあるかもしれず、その点はご了承願いたい。なお、登場する人物名はすべて仮名であり、個人の特定を避けるため、一部表現をぼかした箇所がある。

# タクシードライバーぐるぐる日記◉もくじ

## 第3章　警察なんて大嫌い

装幀◉原田恵都子（ハラダ＋ハラダ）
イラスト◉伊波二郎
本文校正◉円水社
本文組版◉閏月社

第1章

# 汗と、涙と、罵声の日々

## 某月某日 **採用基準**：私のタクシー会社選び

タクシードライバーになることだけは決めた。

しかし、タクシー会社を選択するすべがわからない。どの会社がいいのだろうかと迷っていたとき、たまたま「どうせやるなら大手」という宣伝コピーを目にした。私が就職活動を始めた2000年当時、タクシー会社各社は競って社員募集をしていた。業界大手4社*のうちの一社で、その会社の名前は私も知っていた。

電話で問い合わせると、「何日に来られますか？」と聞かれた。適当にいくつかの候補日を伝えると、面接日が即決された。実際には無職の私に都合の悪い日などなかった。

この問い合わせが、採用条件の一次試験だったことをあとで知った。

「ねえ、今、運転手募集してるの？」

こうした言い方で電話してきた人間はすべてその場でお断りしていたのだとい

**業界大手4社**
大和自動車、日本交通、帝都自動車、国際自動車の4社で、それぞれの頭の文字を取って「大日本帝国」と言われる。東京都内の法人タクシーの約3割をこの4社が占める。ほかに準大手と呼ばれる、東都自動車、グリーンキャブ、日の丸自動車がある。

う。

後日、指定された日時に会社に赴く。会社内の会議室には15名ほどの応募者たちが集められていた。書類に入社希望理由の記入を求められた。

ふつうは「御社の将来性を考えて」とか「この仕事が自分を生かす道と思い」などと記すのであろう。それでもこの仕事選びに積極的な気持ちなどなかった私はなんと書くべきかと逡巡《しゅんじゅん》した。私も含めて多くの人が戸惑っているのを見たのであろう担当者は、

「この仕事のほかになかった、と正直に書いてもらっても構いませんよ」

と言った。多くの人にとってそれが本音だったのだろう。会場から安心したような笑いが漏れた。

続いて身体検査が行なわれた。担当者が一番気にしていたのは、入れ墨の有無だった。私たちのグループに該当者はいなかった。

その翌日、センター長との一対一の面接*がある。

面談をつつがなく終えると、最後にセンター長から「何かわからないことがありますか？」と聞かれた。

**一対一の面接**
センター長から、「当社を選んだ理由がありますか」と聞かれたので、「あの宣伝コピーを見たので」と答えたところ、「あのキャッチコピーは私が作ったんですよ。嬉しいな」と顔をほころばせた。

「使用するタクシーというのは、1人に1台となるのでしょうか。それとも何人かで交替で使うものなのでしょうか？」

タクシーは1台のクルマを2人で交互に使用する。ほかの人は常識として知っているようだが、入社前の私はこんなことすら本当に知らなかった。タクシー業界についての知識など皆無*だった。

後日、「あなたの採用を決めました。おめでとうございます。×日に来社してください」という電話をもらった。

私はこの電話に安堵した。

後述する「倒産騒ぎ」のドタバタで、私は失業保険の申請さえ思い浮かばないほど混乱していた。1カ月ほどはわずかな貯金を切り崩しながらの暮らしだった。

これでもう就職活動をしなくてもいい。同居する母親にも仕事が見つかったという報告ができるし、食い扶持も確保できる。ただほっとするだけであった。

のちに知ったことだが、当時の採用基準は面接態度だけだったという。年齢、性別、経歴はいっさい関係なかったのだという。それが、私が足を踏み入れたタクシー業界であった。

**知識など皆無**
他県に住んでいた私は東京の地理についてもわからない。その不安をセンター長に告げると、彼は「大丈夫ですよ。お客さんが教えてくれますから」と言った。そんなお客ばかりでないことをのちに痛感することになる。

## 某月某日　タクシー業界のイロハ：つどう〝エリート〟たち

採用が決まると、続いて研修となった。研修内容はタクシー業界の常識と言われる「イロハ」からだった。研修中も日当と往復の交通費が出た。当時の私にとってこれはじつにありがたいことであった。

実車中、黄色信号は止まらず安全を確認して進む*、空車中は一番左側の車線を通行*……タクシー業界には暗黙の決まりがある。私には多くのことが初耳だった。

持参したノートに教官の話を書きとっていった。

教室では15人ほどの同期たちが一緒に講義を受けていた。最若手は20代の前半で、最高齢は私よりも年上の60代だった。

研修中、ある教官がこんなことを言った。

「みなさんの中にはきっとさまざまな事情でこの仕事を選んだ方がいることでしょう。樋口さんはたしか早稲田大学出身でしたよね」

**止まらず安全を確認して進む**　お客は信号で停車するのを嫌がる。逆に、空車時は交差点の黄色信号では停止する。その交差点からお客が乗る可能性があるからである。

**空車中は一番左側の車線を通行**　手をあげているお客を見つけたら停まりやすいように左側通行が基本だが、右車線から割り込んでくる非常識の輩も多い世界だった。

おのずとみんなの視線が樋口さんに注がれる。誰も口には出さないが、「早稲田大学を出ていながら、どうしてタクシードライバーに」という思いなのであろう。30代半ばと思われる彼はそれでもたじろがず、ほほえみながら堂々としていた。

誰もがいろいろな事情を抱えて、タクシードライバーとしてのスタートラインに立とうとしているのだ。そう思うと、年齢も経歴もバラバラな彼らが同志のような気持ちがしてきた。

研修では、過去に実際にあった事例をあげながらの指導があった。

「お客さまの要望には応えなければなりませんが、法律違反は絶対にないようにしてください。お客さまの言いなりになって、一方通行を逆走してしまったとか、法定速度を大幅に超えてしまったというドライバーさんがいます。そうした依頼は毅然と断わらなければなりません」

実際に現場に出たら、断りづらいこともあるのだろう。教室で研修を受けているだけなのに、徐々に不安になってくる。

空車で走っているとき、手をあげているお客を見つけたにもかかわらず、停まらずに行ってしまえば「乗車拒否*」となる。この行為は厳禁で、「道路運送法」98条6号において「100万円以下の罰金」とされていて、タクシーセンターで厳しい研修を受けることになる。

ほかにも表示板*の扱い方、爆睡客の対応*や事故を起こしたときの対応など、実践で役に立つであろうアレコレの講義が続いた。

研修は座学だけではない。試験場に見立てたコースを教官を乗せて訓練を重ねた。また、会社の構内で実際のタクシーを使いながら、ドアの開閉の仕方*を習う。同僚をお客に見立てて、乗車してもらう。

簡単だろうと思っていたが、実際にやってみると、お客との間隔、タイミングなど意外に難しく、こんなことにもある程度の経験が必要なのだと感じる。

メーターはお客が乗り込んで、行き先を確認した後に作動させる。

タクシーメーターは時間と走行距離の併用、つまり時間と距離に応じて料金を自動的に算出する仕組みになっている。高速道路を走行時はドライバーが操作して距離のみの運賃に切り替える。渋滞で動けなければメーターは作動しない仕組

**乗車拒否**
手をあげているお客を見落として通りすぎることはよくあり、それが故意かどうかを証明するのは難しい。そのせいか、「乗車拒否」で処罰されたドライバーは見たことも聞いたこともない。

**表示版**
表示板（スーパーサイン）は「賃走」「空車」「回送」「迎車」「貸切」などを知らせる。このほか、右膝付近の非常用スイッチを入れると、あんどん（車上のランプ）が赤色に点滅して「このタクシーが危険な状態です。警察に通報してください」のサインとなる。

**爆睡客の対応**
その筋と思われるコワモテのお客が目的地に着いて、何度も声をかけるが

みになっているわけだ。
到着後の支払いは、現金ならボタンを押せばレシートが自動に出てきて終了だが、クレジットカードやキャブカード*などに割引が適用されると取り扱いが複雑になる。同僚たちは簡単に操作していたが、私のほうは混乱し、パニックになりそうだった。お客には便利なシステムなのだろうが、50歳を超えた私にはついていくのがやっとだった。

研修中の休憩タイム*で、同僚たちと雑談になった。
彫りの深い二枚目の谷さんは、前職が木工職人で、本人いわく「腕は一流」とのことだった。
彼は会社を経営して、最盛期には10人ほどの人を雇っていたという。バブル期に調子に乗って事業を拡大しすぎて、バブル崩壊で経営が傾き、最終的に1億円近くの負債を抱えて倒産したとのこと。
「調子がいいときはイケイケでやっていくでしょう。でも、ちょっとコケる。あれっ、俺はこの程度の男じゃないなんて思って、イケイケのときの感じであがく

起きない。気の弱い若い新人は、とうとうその客が起きるまで、朝まで車内で一緒に夜をすごしたという笑えないエピソードを教えてくれた。お客にはできるだけ声をかけつづけ、どうしても目を覚まさないなら、交番や近くの警察署に行って頼むように教わった。

**ドアの開閉の仕方**
以前はドライバーが席の右下にあるレバーを引き上げたり下げたりとテコの原理で行なう手動だった。私の時代は押ボタン式への切り替え期だった。

**キャブカード**
タクシーチケットのように支払いができるタクシー専用のICカード。

**休憩タイム**
この時間に各人がタクシードライバーになったいきさつや前職などを語

でしょ。するとさらに深みにハマっていくんですよ」

谷さんは借金が取り返しのつかない状態になって、やっと「自分の身の丈」というものに気づいたのだという。

「職人は職人らしくしていればねえ。ひとりで地道にやっていたらここにいることもなかった。今でも木工職人で生き残れていましたよ」

谷さんはそう嘆いていた。

柿原さんは、大手警備会社の求人に応募したものの、採用試験に落ち、こちらに来たと教えてくれた。

「ひらがなを漢字にしなさいっていう試験だったんですよ。〝はあく〟とか、〝しゅうかく〟とか〝あいさつ〟とか。私は半分ほど書けませんでね。隣の人を見たら、しっかり全部記入されているのを見て、ああ、これはダメだなとあきらめました」

そんなことまで開けっぴろげに語ってくれた。

じつはその大手警備会社は、求職活動中に私も受けようかと考えたところであった。柿原さんの話を聞いて、受けずによかったと思った。私も不合格となっ

り合った。年代も生まれも育ちも違う人たちの話に興味をそそられた。新卒者はひとりもいなかった。

ていた可能性が高い。

柿原さんや私のような〝エリート〟も受け入れてくれるこの会社のフトコロの深さを感じたのであった。

## 某月某日　二種免許試験：地図とにらめっこ

1カ月に及ぶ研修を終えると、最終試験となる。二種免許*取得のためには、学科試験と技能試験を突破しなければならない。

技能試験は練習では完璧なのに、本番で何度も不合格になる先輩もいて、自分は大丈夫だろうかと心細くなる。

技能試験当日、多磨霊園近くの試験場*。

20名ほどが一緒に受けることになっていて、私はその日の最初の受験生だった。助手席に試験官が乗ってくる。次の人は後部座席で様子を見ることができるので、2番目以降のほうが有利だとわかったが、もう遅い。

**二種免許**
正式名称は「第二種運転免許」。乗客を運ぶ目的でクルマを運転する際に必須となる。一種と二種の違いは、お客を乗せて走れるかどうか。正社員になったとき、営業所長が「命の次に大切なものは二種免許と思ってください」と訓示した。

**多磨霊園近くの試験場**
最寄りはＪＲ武蔵小金井

緊張しながら走り出し、順調に課題をクリアしていたが、途中で大失態をした。

正面の信号は赤で停車中、その交差する道路に目を向けていたため、信号が青に変わったことに気づくのが遅れた。

「どうして行かないんだ」という試験官の言葉で慌てて発進したが、途中で信号が赤に切り替わってしまった。

試験途中で不合格を言い渡されて、試験が中止になったという人を知っているため、もうダメと思いながら、あとの行程を終了した。

乗車後、試験官は「信号の変わり目にはくれぐれも気をつけてくださいね。とりあえず合格です」と告げた。まさか50歳をすぎている私の年齢を考慮してくれたわけでもないだろうが、担当試験官のやさしさに救われた。

合格を言い渡されたあと、後部座席でそのときの様子を見ていた人に、

「でも、あんな運転でよく合格できましたね」

と不思議そうに言われた。実際そのとおりだった。

実技試験をクリア後、東京と大阪は地理試験なるものがある。

駅で、南口からバスで約15分だった。ずいぶん遠く不便なところという印象で、こんなところまでもう一度来たくないという思いが強くなった。

大都市ではその複雑な道路網を知る必要があるというわけだろう。その合格率は当時60％ほどで*私は未知の東京の地図とにらめっこして覚えた。

地理試験は40問中、32問以上正解（80％）なら合格となる。

過去の問題集があり、その中のひとつが試験問題となり、同じ問題が順おくりになっている。つまり過去問をすべて覚えれば、１００％合格できる。にもかかわらず、何度も不合格になっている人がいる。不思議だった。

たとえば、こんな問題、おわかりになる方はいるだろうか。

【問題】　次の首都高速出入口がある首都高速線を解答群の中から選びなさい。*

〈首都高速出入口〉

（1）中台　（2）用賀　（3）葛西　（4）清新町　（5）霞が関

〈解答群〉

ア　湾岸線　　イ　3号渋谷線　　ウ　都心環状線

エ　4号新宿線　　オ　中央環状線　　カ　7号小松川線

キ　5号池袋線

**合格率は当時60％ほど**　試験会場は江東区南砂にある東京タクシーセンター内だった。マークシート方式で、地理試験と法令試験があり、そのどちらも合格しなければならない（法令試験は2015年より実施）。2021年5月にフジテレビで放送された「ザ・ノンフィクション～東京、タクシー物語。」内で、「この試験に1回で受かる人はめったにいない」と説明されていた。私が受けたころは、それほどでもなかった。

**解答群の中から選びなさい**　正解は次のとおりだ。

（1）キ
（2）イ
（3）ア
（4）オ
（5）ウ

東京育ちではない私にとって、こうした問題の数々はやさしいものではない。かなり勉強しなければ受からないと覚悟を決め、四六時中、地図を横に置きながら、過去問を1問ずつ解き、頭に叩き込んでいった。

徹底的に予習したため、試験にはある程度の自信を持って臨むことができた。

試験が終わり、答案を提出した後で、正解ペーパーが配られる。

自販機で買ったコーヒーを飲みながら、正解ペーパーを眺めていると、同僚が近づいてきた。

「緑一丁目の交差点はどこ*、っていう問題ありましたよね？　緑だから田舎だろうって書いたら、両国なんですね。全然知らなかった」

そう言って笑っていた彼は、岩手県の出身で東京に出てきたのはわずか1年前だった。

丸暗記作戦が功を奏した私は一発でこの試験に合格した。ちなみに岩手出身の彼も見事に一回で試験をクリアしていた。

これでようやくタクシードライバーのスタートラインに立つことになる。

なお、当時の問題の記憶が定かではないため、この問題は「公益財団法人・東京タクシーセンター」HP掲載の「地理試験過去問題」より抜粋した。

**緑一丁目の交差点はどこ**　実際は両国付近の京葉道路と清澄通りの交差点。京葉道路は靖国通りの延長で、浅草橋交差点付近で「京葉道路」の名に変わる。清澄通りは吾妻橋（墨田区）から勝どき（中央区）までの道で、私は当初、清洲橋通りとよく間違えていた。清洲橋通りは、北上野（台東区）から東砂（江東区）を通る道路。

正社員になる前にはもうひとつの関門がある。試採用期間である。

これは実際に営業してみて、1カ月ほどの間に規定の営業収入（売上げ。「営収」と略す）がなければ、正社員になれない。逆に一定の売上げをあげれば、試採用期間が短縮されて正社員になれる。稼げる能力を実践で検査するというわけだ。そのため、私たち新人は必死になってお客を探す。

同期の仲間の中には、お客も乗っていないのに、実車メーターを押して、その料金を自腹で計上したと教えてくれた人がいた。

彼は1万円を計上しても60％（6000円）が戻ってくるので、4000円は正社員になるための必要経費なのだと言った。自腹でも実績をあげることで、早く正社員になって稼ぐための涙ぐましい工作だった。

某月某日 **初乗務**：ヨレヨレ班長は強い味方

明日は初乗務と思うと、なかなか眠ることができない。小学校の遠足の前日に楽しみで眠れないのとはわけが違う。お客の言う場所がわからなかったらどうしようとか、変なお客にからまれたらどうしようとか、悪いことばかり想像してしまう。

悶々と考えているうちに「命まではとられないだろう」と思い直した。そう、私はもう50歳だ。これまでさまざまな体験をしてきて、酸いも甘いも噛み分けてきたんだと開き直った。

当日、定時である7時の20分ほど前に出社する。明らかに自分が緊張しているのがわかる。

初日だけはベテラン社員の班長*が終日、助手席でサポートしてくれることになっている。

ところが、同乗予定の班長がなかなか出社してこない。事務職員に「初日なのにすみませんね。どうやら連絡ミスがあったようでして。もう少しお待ちください」と謝られた。緊張が解けぬまま、班長の到着を待つ。

**班長**
入社して一定期間を経たベテランに、会社が依頼して「班長」になってもらっていた。ドライバー兼務で、手当ては雀の涙ほどと聞いた。新人ドライバーの業務の相談に乗ったり、事故現場に駆け付けたり、現場での指導をしたりと、たいへんそうだった。

40分ほど遅れて出社してきた班長は私と同年代だった。痩せてヨレヨレのワイシャツを着ていて、「この時間と聞いていなかった。ゴメンね」と軽い調子で言いながら助手席に乗り込んできた。なんだか頼りない。

「どこに行きたい」と尋ねられたので、「羽田空港*までの道を覚えたいので」と伝え、羽田空港に向かった。

ひとたび会社を出たら、もうどこでお客に拾われてもおかしくない。道路の通行人の挙動を確認しながら運転する。お客を見逃してはいけないと思うので、運転への注意が散漫になる。道路も、地理試験とはまったく異なる映像が見える。

中央区に入ったところで、道路脇の男性が手をあげているのが見えた。

初めての乗客は40代と思われるサラリーマンだった。

「あれ、ふたりいるの?」と言うお客に「はい、研修中なので、ご迷惑でしょうが、ご協力お願いします」と班長が答えてくれる。

男性客は「おたくの会社いつも使っているけど、ふたりは初めて。今日はついているのかな」とジョークでなごませてくれた。

会社を出てからずっと緊張していたが、彼のジョークで、相手はみんな人間な

**羽田空港**
都内のタクシードライバーなら、必ず行く場所。1日中、羽田専門で仕事をしている人もいる。羽田での狙いはもちろんロング(遠距離)客。しかし、ここは客待ちの列が長い。一発勝負で待っていたお客が「浜松町まで」だったりするとガックリする。

のだと思えて、肩の力が少し抜けた。

羽田空港まで移動したあと、再び都心に戻り、数件のお客を乗せた。日本橋から乗ってきたお客は「本郷の壱岐坂《いきざか》*まで」と告げた。「はい、かしこまりました」とスムーズに走り出したはいいが、聞いたこともない地名だった。

私が班長の顔をうかがうと、班長はお客に見えないように指で「右」「左」「まっすぐ」などと道案内をしてくれた。

最初は頼りなさそうに感じた班長だったが、途端に心強い味方に思えてきた。さすがベテランは違うのだ。瞬時に対応するしぐさに感心した。それにしても、私にも彼のようにスムーズに対応できる日が来るのだろうか。

朝から夕方まで、休憩もなく、ぶっ通しで仕事をした。これが常識なのかと思っていたら、班長は思い出したように「あれ？　メシ食うの忘れていたね。ゴメンゴメン」と笑った。

班長の案内で、東陽町の食堂に向かった。食堂に入ると、班長は顔見知りと思われるたくさんのタクシードライバーと会釈やあいさつを交わした。

タクシードライバーが行きつけの食堂*は安くてうまいと聞いたことがあった。

**本郷の壱岐坂**
地理試験に合格するため、都内の主要な地名は頭に叩き込んだつもりだった。それでもお客はこんな小さな地名までドライバーが当たり前に知っているものだと思っている。これは相当にたいへんな仕事だと気が引き締まった。

**行きつけの食堂**
タクシードライバーは安くてうまい店を知っている。しかし近年、駐車違反の取り締まりが厳しくなってきたため、店内からクルマの見える店、駐車場のある店に限られる。以前はミニパトがチョークで「事前忠告」をしてくれていたが、今は問答無用でNGの時代となった。

噂に違わずの店だった。

その日は午後11時に帰庫し、帰庫してからの手続きを教えてもらい終了となった。本来であれば、朝7時スタートなら、終了は深夜1時となる。この時点でヘトヘトだった私はこんな激務を週に何度も繰り返せるだろうかと再び不安になった。

こうして疲労と不安のとてつもなく長い初日が終了した。

某月某日 **身の上話**：小規模卸の悲劇

初乗務から休日を挟んだ翌々日。この日からいよいよ一人で営業に出ることになる。

会社を出て、助手席に班長がいないのがこれほど心細いとは。大切な人を失ってしまったかのような喪失感すら覚える。

しばらく走ると、道路で手をあげている女性が見えた。

どうしようと思うが、どうしようじゃなく乗せなければ乗車拒否になってしまう。私は緊張しながら、ゆっくりと近づき、そっとドアを開けた。

お客が告げたのは三ノ輪《みのわ》（台東区）で、たまたま知っている場所でほっとした。「じつは私、この年齢でタクシー運転手を始めたばかりで、最初のお客さまなんです」と言うと、「ラッキー」と手を叩いて喜んでくれた。明るくノリのいいお客で助かった。

「どうしてタクシー運転手になったんですか？」と聞かれた。

この年でタクシードライバーになったなどと言えば、その理由を聞かれるであろうとは思っていた。きっと今後もこの手の質問*は多く言われるであろう。

お客によって内容や詳しさを使い分けようとは思っていたが、真実を語るつもりでいた。そのお客にもありのままを語った。

私がそれまでやっていたのは日用品・雑貨の卸業*だった。もともとは父親が起ちあげた商売で、当然のごとく自分がそのあとを継ぐものだと思っていた。

私、妻、そして両親、手伝ってくれる農家の男性がひとり（彼は田植え、稲刈

**この手の質問**
タクシードライバーになったいきさつを失敗談まじりに話すと、満足そうな反応をする人もいた。逆に本当に心配そうに親身になって聞いてくれる人もいた。その反応は十人十色でなかなか興味深かった。

**日用品、雑貨の卸業**
メーカーから商品を仕入れ、個人商店、病院、学校などに納品していた。薄利の貧乏暇なしの商いだった。当時は得意先からの回収（集金）は盆、暮れ払いという習慣も残っていて、担保のない金貸しのようでもあった。

りの農繁期は休みだった）の総勢5名体制で、小さいながらも株式会社化して、父が社長、私は専務だった。

われわれのような小規模卸は個人商店が相手の商いだった。だが、1980年代から急激に進んだ流通の変革によって、取引相手であった個人商店の多くが淘汰されていった。

やがて流通まで抱えたコンビニやスーパーが主流になり、問屋無用論が現実となり始めた。私たちのような零細問屋*は淘汰され、必要とされなくなるのも当然の流れだった。

そんな斜陽真っ只中で迎えたのがバブルだった。

父親は先細っていく家業のかたわらで始めた株で大金を手にした。最初の数年、株式投資はうまくいった。いや、父親の株式投資がうまくいったのではない。誰がやっても株が儲かる時代だったのだ。

膨れ上がったバブルが崩壊すると、それまでのプラスが一気にマイナスに転じた。それをなんとか挽回しようとさらに投資に前のめりになった父親は傷口を広げた。

**零細問屋**
店の規模が小さく、大量に商品を仕入れできないため、仕入れ値はどうしても大問屋より割高となる。末期には、スーパーのチラシ値のほうが、われわれの仕入れ値より安いという逆転現象さえ起こった。これでは経営は成り立たない。

その挙句、会社と自宅を兼ねていたため、家屋敷と仕事のすべてを失い、それでも返し切れぬ多額の借金が残った。

家業の倒産により、多くの取引先に迷惑*をかけた。

金がないと「貧すれば鈍する」の言葉どおり、すべての考えが後ろ向きになった。明日のことも、1年後、10年後のこともわからない。これから先も悪いことばかりが起こりそうな気がする。

われわれ一家はその町に住んでいられなくなり、逃げるように東京都葛飾区の立石*に移り住んだ。

倒産騒動の渦中、妻には関わらせられないと思い、私から離婚を申し出て、実家に戻るように言った。

ひとり息子*は当時、大学の寮に入っていて、直接このゴタゴタを見せなくて済んだことが私の救いだった。

私はまだ大学生の息子と、老いた両親の3人を養わなければならなかった。

50歳で特段の資格も経歴もない私にはこの職業しか残されていなかった。

**多くの取引先に迷惑**
取引額の大きかった会社の社長に事情を話し、頼み込んで請求額（商品代金）180万円を即振り込んでもらい、生活資金の一部にあてた。口座にその金額を確認したとき、社長の情けに感謝したと同時に、明日からもしばらく食べていけると心底ほっとした。今日明日の米代にも困窮していた。

**葛飾区の立石**
できる限り安く住めるところを探していたら、たまたまそこの団地に空きがあったので移り住んだ。都心と田舎の間の下町で私には肌に合っていた。

**ひとり息子**
茨城県にある国立大学に通っていた息子は当時、寮生活をしていた。

私が身の上話をかいつまんで話すと、

「運転手さん、余計なことを聞いてごめんなさいね。たいへんかもしれないけど、これからも頑張ってね」

お客はそう言って同情してくれた。乗り込んできたときには明るかった彼女が一転して沈鬱な表情になってしまった。

私はこんな話を聞かせてしまったことを詫びた。

お客の中には、タクシードライバーになったきっかけをしつこく尋ねてくる人もいる。人の不幸は蜜の味で、自分はそうではないと再確認をしたいのだろう。

「カゴに乗る人、かつぐ人、そのまたわらじを作る人」という言葉がある。世の中には職業がさまざまあることを表したものだが、職業ごとにその境遇に差があることもまた厳然たる事実である。

初日の営収は3万円ちょっとだった。

営業を終え、帰庫したあと、事務職員の山田さんに「最初のお客さんが女性*なのはいいことだよ。内田さんは運がいいんだ」と言われた。

初日、疲労困憊して帰庫した私を励まそうとしてくれたのだろう。疲れ切った

**最初のお客さんが女性**
男性客よりも女性客のほうが圧倒的にトラブルは少ない。特に年配のおば

心身に、そのやさしさが染みた。

## 某月某日　売上げの60%：知らないルールだらけ

この業界にはそれまで私が知らなかったさまざまなルールがあった。

「東京特別区」*以外の場所でお客を乗せることはできない。これが営業エリアとなる。しかし、都内から都外へとお客を運んだ帰りなら、「東京特別区」以外でお客を乗せて都内に戻るのは構わない。

また、乗車するクルマは乗務員２人で交互に使用する。長距離客で帰庫が遅くなると、相方*はそのクルマのエンジンの休む間もなく急いで出庫することがあった。

出勤を「出番」と言い、基本的には１カ月12日の出番となる。12日なら楽な仕事と思われるが、１回の出番は18時間勤務だから、一般の人の８時間勤務の２日分だ。

ちゃんや、腰の曲がったおばあちゃんはほぼ安全だ。その代わり、彼女たちはまず近距離だ。一長一短なのである。

**東京特別区**
東京23区に加えて、武蔵野市と三鷹市。

**相方**
入社してはじめの数カ月は、自分の担当車がなく、当日出社してからその日に乗るクルマを知った。そのうち事故やトラブルがなければ担当のクルマをあてがわれる。１台を２人で交互に使用する。その相方を「相番」とも呼ぶ。

とはいえ、18時間*のうち、私の場合、実車はせいぜい5〜7時間ほどだ。空車で走る「流し」は時間も燃料も無駄になるタダ働きだ。実車率をあげればいいわけだが、これがそう簡単にはいかない。

勤務中の休憩時間は決められていて、レコーダーに記録されるので規定どおり休まなければならない。夜の仕事の成否が営収に大きく影響するので、昼にしっかり休み、夜はお客を求めて都内をぐるぐると動きっぱなしとなる。一日の走行距離は300キロほどになる。

一般的に、早朝に出庫し、深夜に帰庫する。

帰庫してからも、納金、日報提出、座席のシート交換*、洗車……と仕事は続く。

その日の売上げの60%*がドライバーの取り分となった。

5万円の営業収入があれば、取り分が3万円となる。月に12回の勤務だから、これで36万円の月収となる（ここから税金等が引かれるので手取りはさらに減る）。ただ、この5万円というのが私にとってはなかなか難しいラインであった。

毎日の営収については、おいおい述べていくことにしよう。

稼いだ分が自分の収入に直結する、いわば個人事業主のようなものであった。

**18時間**
18時間勤務だと、その中に休憩が3時間含まれるので、実働は15時間となる。

**座席のシート交換**
シートを覆っている白いカバーを交換する。大きな汚れがなければ、2週に一度となる。洗車は人に頼めるがこの作業は自分でやらなければならなかった。不器用な私にとってはけっこう厄介だった。

**売上げの60%**

帰庫後、自分が乗っていたクルマは必ず洗車をしなければならない。しかも基本的に手洗い*で水滴一つでも残してはならない決まりがあった。

入社してまもないころ、私の洗車したクルマに乗った人から、「走り出したらフロントガラスに水滴が流れ出たぞ」と注意された。次に乗るのが自分なら、手抜きもできるだろうが、洗車後すぐに他人が乗ると思うと手が抜けない。

冬場は疲れ果てた勤務のあと、冷たい水で手をかじかませながらの作業は耐えがたいものがある。そんなときは、洗車を専門業者に委託する。

会社のすぐそばに洗車屋があり、タクシー会社を当て込んで、夜間だけ営業している。深夜、タクシー1台分のスペースがある店のシャッターを開け、数人の若者がボディ、タイヤ、フロントガラス、車内とそれぞれの箇所を受け持ち、寄ってたかって手際よく作業してくれる。ものの5分であっという間に終わる。1回1000円だった。

私はある程度、営収があがったときにはこの業者に洗車を依頼していた。営収があがらなければ、この1000円すら惜しいのだった。

この率は、タクシー会社各社で多少違う。またその日の営業収入が高いと取り分が多くなり、低いと取り分が少なくなる。当時、営収４万８０００円以上で63％になった。中小の会社の中には65％という会社もあるらしく、そこへ移った人から「料率がいいから来ないか」と誘われた。

**基本的に手洗い** 会社のそばにある給ガス場（ガススタンド）にも洗車機が設置されていた。ここは３００円だった。しかし、小さな傷がつきやすいという理由で、私の会社は原則、使用禁止だった。

## 某月某日 女性ドライバー：「うちの女性はきついよ」

私が配属されたのは足立区千住《せんじゅ》の営業所*だった。この営業所には、タクシー500台超、事務方も含めると1000人ほどが勤務していた。とはいえ、ドライバー同士はサークル活動か組合の仕事に関わっていなければ接点は少ない。朝は一緒に朝礼に並んでも、帰りはそれぞれ違うので、在籍していてもあいさつ程度の人がたくさんいた。私が会えば雑談をする程度に親しくなったのは20人ほどであった。

営業所には、仮眠室、食堂、風呂（大浴場）も備わっていた。風呂は各自が自分の風呂桶、石けん、シャンプーなどを持参して利用していたようだった。「ようだった」というのはじつは私は一度も利用しなかったためである。家が近かったこともあるが、一日中、汗とほこりにまみれた男たちの入る湯舟につかるのは抵抗があった。

**足立区千住の営業所**
タクシー会社の営業所は、個人タクシーも含めて、足立区、葛飾区、江戸川区など比較的地代の安い場所に集まっている。

一度、会社のコスト削減の一環として、風呂場をシャワーのみにして浴槽を撤去する話が持ち上がったことがある。

すると即座に運転手組合*から、われわれの気持ちをわかっていない、シャワーなんかで疲れはとれない、冬場にシャワーだけでは風邪をひいてしまうと猛反対され、その件は見送られた。

それはそうだろう。18時間も運転席に座りっぱなしで働き、その後に入る風呂（私の場合は家の風呂だったが）の爽快感は何ものにも代えがたい。

ドライバーの中には栃木県から通勤してくる人もいて、仕事終わりにひとっ風呂浴びたい気持ちはよくわかった。

同期の中に３人の女性がいた。その中のひとり前島さんは40代のシングルマザーで小学生の男の子を育てながら働いていた。前職のことまでは聞かなかったが、きっとある程度の収入を稼ぐためにやむをえずこの仕事に移ってきたのだと思われた。

彼女が日報*提出後、くもった表情で私に話しかけてきた。

**運転手組合**
社内には2、3の組合があり、入社時にいずれかに入会しなければならないと言われ、深く考えず、会社側に近いとされた組合に入った。私自身はまったく活動せず、月数百円の会費だけを支払っていた。

**日報**
ドライバーが提出を義務付けられている1日の全作業の報告書。乗り降りのたび、乗車場所、降車場所、乗車時間、全走行距離、実車距離、仕事の回数などを記録する。初めのころは手書きだったが、その後、その日の乗車記録が自動で印刷される「自動日報」となり、手間は大幅に省けた。

「今日、上野で拾った男の客が運転中に助手席に乗り出すように顔を近づけてくるの。それで『このまま俺とどこか行かないか』って。勤務中ですからって断ったんだけど、そのあともずっと誘われて……。すっごく嫌な気分」

前島さんはショートカットで年齢よりもずっと若く見えた。女性ドライバーはよくこのようなセクハラを経験する。

「あの気持ち悪いエロじじい。もう二度と乗ってくんじゃねえって思いながら降ろしたわ」

彼女はずっと抱え込んできたムカムカを誰かに聞いてもらいたかったのだろう。男女の違いはあるが、タクシードライバーはみな多かれ少なかれ嫌な思いをしている。仲間に語ることで分かち合えば、少しはストレス解消となる。

「今度、上野でそいつを見かけたら、轢《ひ》いてしまいなよ」

私は前島さんを励まそうとそう言った。

「うん、絶対に轢く。轢き殺してやる」

冗談とは思えない真剣な目つきだった。

＊

事務職員の山田さんから「うちの女性ドライバーたちはおとなしそうに見える

けど、みんなきついよ」と言われた。日々、女性ドライバーと接していた彼の実感だった。

たしかにこの仕事で生計を立てていこうと思えば、物怖じせず、性根が座っていないと難しいだろう。

## 某月某日　新人です：舌打ちしたい気分

お客の乗車時に「新人です。*よろしくお願いします」とあいさつをする。新人だから道の不案内は仕方ないと思ってもらうための言い訳、予防線でもある。

反応はいくつかに分かれる。

よくあるのは「えぇ、怖い。運転、大丈夫？」である。

これは仕方ない。自分が客なら同じように思うであろう。星の数ほどタクシーがあるのに、よりによって自分が拾ったのが新人とは運が悪い。ベテランのドライバーならいちいち案内せず、目的地まで安心してまかせられるのに。

**女性ドライバーたち**
その中にひとり美形の人がいた。お客からも人気があり、固定客がついていた。ある日、彼女がどうしても出社できず、あるお客の仕事を私が託された。彼女の固定客で、羽田空港から目白の自宅まで送る仕事だった。羽田でその男性客に「本日は代理で来ました」と言うと、私を見てあからさまにがっかりした様子だった。

**新人です**
新人のころ、お客の言った行き先がわからないことを伝えた途端に「それなら降りる」と言われ、降りていかれることがあった。メーターは作動してしまったので初乗り料金が自腹となる。それに懲りて、「よくわかりませんが、大丈夫でしょうか？」と伝え、了承を

「チェッ、ついてねえなぁ」とあからさまに不満をあらわにしたお客もいた。

タクシーに若葉マークはついていない。乗ってみて初めて新人だとわかるのだ。舌打ちする人の気持ちもわからないことはない。仮に若葉マークをつけているタクシーがいたら乗る人はまずいないだろう。


入社して1カ月ほど経った折、早番で出社*すると事務職員が待ち構えていて、お客の名前と住所を記された予定表を渡された*。

「祐天寺の木下さま宅へ向かってください。そこから新宿駅までの仕事です」

そちら方面はまったくわからないが、もう行くしかなかった。

なんとか祐天寺にたどり着きお客を乗せて、当初の指示どおり新宿駅に向かおうとしたが、なぜか駒沢通りを逆の駒沢オリンピック公園方向に走ってしまった。途中で気づき、すぐにUターンして、新宿駅西口に向かう。

お客はそこから11時発の成田空港行きのバスに乗らないと飛行機に間に合わないのだと言って焦っている。

お客も焦っているが、私はそれ以上に焦った。きっちり何時までという仕事は

得てからメーターを作動させることにした。

**早番で出社**
出社早々に、予約客の名前、住所、指定時間の記された用紙を渡されるのは、早番の宿命でもある。

**予定表を渡された**
彼は「ドライバーなら知っていて当然」という顔だった。新人の私は「そちら方面はわかりません」などと言い出せる雰囲気ではなかった。

このときが初めてだったし、逆方向に走ったのは私のミスである。万一、間に合わなかったら、そのまま成田空港まで自腹で直行するしかないと覚悟を決めた。信号の変わり目にも強引に突っ込み、右に左にと追い越しをかけて何台も抜き去っていく。

交通違反スレスレもしくはギリギリオーバーの運転でなんとか時間に間に合った。

こんなことの繰り返しでは精神的に良くない。私は一刻も早く都内の道を熟知するようになりたいと思った。

タクシードライバーになって初めの数カ月、休日に都バス*に乗ってあちこちめぐって道を覚えた。

都バスは同じルート上ならどこまで行っても同一料金なので、終日都バスに乗り、その経路を確認しながら記憶していく。錦糸町駅前から東京駅丸の内北口、北千住駅前から駒込病院前などの経路を確認しつつ、どこでどの道路と交わっているかを頭の中に叩き込んでいく。いくら遠くても料金があがらないので安心し

**都バス**
都営バスの通称。空いていれば、必ず一番前の席に座り、ドライバーになったつもりで道を覚えた。

て終点まで地図を手に車窓から経路を確認した。東京駅南口から等々力《とどろき》渓谷近くまで行ったこともある。

最初は都内の道路を覚えたい一心で始めたが、そのうちに都内をめぐるのが楽しくなってきた。すると道路についてもだんだん頭に入ってくるようになった。

お客のためではあるが、それよりも自分のためだった。道を熟知しているだけでも、お客とのコミュニケーションは変わる。少しでも気持ちよく仕事ができるようにしたかった。

お客から頼まれて、おぼつかない走りで向かった目的地を、同業者たちはどう走るのかを知りたくて、あえてその場所からタクシーに乗ったこともあった。ベテランと思われる年輩のドライバーが走る経路に、なるほどと深く納得をした。大きな出費にはなったが、自分のためになる授業料であった。

知らない経路を確かめたくて乗車したタクシーが新人だったこともある。

「新人なもので、道案内をお願いできますか？」

やはり舌打ちでもしたい気分*になった。

## 某月某日　プロなんだから：「俺に道案内させるのか！」

そんなふうに都内の道を覚えている最中のこと、私はいつものようにＪＲ上野駅前の歓楽街に着けていた。

時刻は午後11時をすぎ、雑居ビルから４～５人の女性に見送られた初老の男性が出てきた。その中の一人のホステスがこちらに駆け寄り、「石神井《しゃくじい》＊までお願いね」と言われた。

石神井……。ここからどうやって行けばいいのか、よくわからない。

それでもお客さんに聞けばなんとかなるだろう、という考えで乗せたが、その判断は甘かった。

男性が乗り込んできたタイミングで私は尋ねた。

「すみません。まだ新人なもので道順を教えていただけますか」

するとさきほどまでホステスたちと話しながらデレデレしていた男性の表情が

に乗り、「東京駅まで」と言うと「どう行けばいいですか」と聞かれたことがある。さすがにこれはマズかろう。

**石神井**
練馬区の南西部に位置し、西武池袋線が走っている。後日、この地を訪れ、石神井公園から石神井川を豊島園まで歩きながら、道を覚えた。

一変した。

「なに、ここから俺に道案内*をさせるというのか！」

「いえ、間違ってしまうといけないので、教えていただけると助かるのですが……」

「いや、あんたはプロだ。プロなんだから、客の依頼に応じるのが当たり前だろう」

そう言われれば仕方ない、私はおおよその方向にクルマを走らせた。

するとその車中で男性の説教が始まった。

「それにしても、こんな道を知らない人を営業に出している会社は許せないなあ。あんたに文句を言っているんじゃないよ。こんな状態の人にタクシーを運転させているあんたの会社の社長に言っているんだ」

たしかにおっしゃることはごもっともであり、ひらすら肩身が狭い。

走り出して45分ほどして、偶然にも谷原《やはら》のガスタンク*が目に入った。間違っていない。私は胸をなでおろした。目白通り沿い谷原の円形ガスタンクは、ドライバーにとって格好の目印なのである。

**道案内**
私が入社したとき、カーナビはなかった。入社して数年後、カーナビが搭載された。ベテランは「精度が悪くて使いものにならない」などと言っていたが、私は大いに助かった。

**谷原のガスタンク**
東京ガス練馬整圧所のガスタンク。練馬のシンボル的存在。

するると男性はこのあたりが落としどころと思ったのか、「あんたのおかげですっかり酔いがさめてしまったよ」と言いながらようやく道案内を始めてくれた。無事に石神井の自宅に着いて、「このような状態でして、運賃はいただけません」とお詫びした。

「いつもより少し高いけど、それとこれとは別のことだ。払わないわけにはいかない」

そう言って男性は不機嫌ながらもきちんと支払いを済ませ、降りて行った。

私はこのままで済ませるわけにはいけないと思い、タクシーを降りてあとを追った。

「せっかくのお楽しみのところ、私の至らなさでご不快な思いをさせてしまい、たいへん申し訳ございませんでした」

すると、男性は私の顔を見つめ、

「どうやら本当に道を知らなかったようだな。知らないふりをして遠回りしているのかと思っていたよ。あんたもその年でこの仕事を始めた理由があるんだろう。私も酒が入って少し言いすぎてしまったかもしれない。これからもいろんなこと

**道を知らなかった**
前職がトラックドライバーのある先輩は「関東圏なら知らないところはない。地図なしでどこでも行ける」と豪語していた。その先輩からは「この商売は道さえ覚えれば悪くない」とつねづね言われていた。

があるだろうけど頑張りたまえ」

そう言って、私の手を取り、握手をしてくれた。

私は予想外の言動に戸惑った。

しかし、誠意を持って対応すれば、わかってくれることもあるんだ。当たり前だが、世の中悪い人ばかりではない。それを実感することができた私は、いつもより高揚した気分で帰庫した。

私はこの仕事を続けていくことに少しだけ自信が出た。

某月某日 **成績優秀者たち**：古だぬきの教え

毎月、営業所のタクシードライバー全員の成績表*（売上げと順位）がフルネームで廊下に貼り出される。

やはり自分の順位が気になるのが人情だ。自分の売上げ（営収）はもちろん把握しているが、基準となる平均値も知りたい。そして、自分がどのくらいの順位

**成績表**
およそ1000人いるドライバー名と月の営収額が1カ月のあいだ誰にでも見られるようにさらされる。何年かすると、そ

だったのかも確かめたい。だから、成績表が貼り出されると私はすぐに確認していた。

平均値より上位であれば、会社の足を引っぱらなかったとほっとするし、平均を下回っていれば落ち込む。私の成績はといえば、平均を行ったり来たりであった。

それと同時に仲間の名も気になる。その人が自分よりも上位だろうが下位だろうが、私の給料には関係ないと思っていても、心の中で「勝った」「負けた」と一喜一憂してしまう。

常に上位の人たちと下位の人たちはほとんど同じメンバーだった。

乗務員は１０００人もいるため、名前だけで顔を思い出せる人はごくわずかだったが、ずんぐりむっくりで坊主頭の梶間さんはつねに上位グループにいた。

年齢は70前後、目が細くボクサーのように鼻が潰れていた。

背丈は１５０センチ前後しかなく、そのコンプレックスがこの仕事を選ばせたのだろうなどと、失礼なことを勝手に想像していた。

梶間さんは朝礼ではいつも最前列に並ぶ。理由は朝礼後に運転者証を一番に受

の月の営収から、広い紙片のどのあたりに自分の名が記されているかが予想できるようになってきた。

け取るためだった。それがなければ出庫できず、もたもたして出庫が遅れれば、構内で順番待ちとなる。５００台中50台ほどがいっせいに街に出ていくので、それだけで30分ほど時間をロスすることになる。ムダな時間のロスを防ぐ、梶間さんなりの方策なのだ。

梶間さんは朝礼中、目立つ最前列にいながら、朝のあいさつ、社訓などの復唱をしない。声も出さずにそっぽを向いている。そんなバカげたことをしていられるか、とでも言わんばかりの態度なのだ。

ほかの人なら、間違いなく事務職員に注意される。

しかし、彼は営業成績が抜群だったのと、この営業所の古だぬきでもあり、職員も見て見ぬふりをしていた。

梶間さんからは、雑談の中で仕事のやり方を教えてもらった。

「まずは自分の得意な地域を持って、その場所に精通するんだ。そこを起点に東西南北どの道がベストなのかを覚えておけば、落ち着いて仕事ができる」

梶間さんから教わったことは多い。

お客のいると思われる場所に誰より早く行くこと。当たり前だが、前述の朝礼のように、彼自身もこの原則を必ず守っていた。

お客のいる場所とはどこか？　午前中は中*へ向かい、昼は住宅地、夜は盛り場である。時と場所を分けて仕事をすることの重要性を教えてもらった。

空車のタクシーのあとを走らないことは当然として、信号などでそのような状態になったらすぐ車線を変更すること。

業界用語で「青タン」*と呼ばれる、深夜割増の時間帯にいかに効率よく仕事ができるかが営収向上の決め手とも教わった。

江戸弁ではっきり物を言うが、けっして威張らなかったし、変な自慢もしなかった。だから、彼のアドバイスは素直に聞くことができた。梶間さんを私は密かに尊敬していた。

花岡さんも上位グループの常連組だった。梶間さんとは対照的に彼は１８０センチを優に超える偉丈夫*だった。

ただ、彼は雑談はするものの、仕事のやり方についてはかたくなに教えてくれ

**中**
千代田区、港区、中央区のオフィス街。私は大手町界隈に向かうことが多かった。

**青タン**
割増時になると、メーター表示が青くなることからこの呼び名となった。東京のタクシーは22時から5時までの7時間が深夜割増料金で、その間の運賃が20％割増となる。

**180センチを優に超える偉丈夫**
大柄な花岡さんも運転席

なかった。

花岡さんがどこでどう仕事をすればこれだけの営収を得られるのか、あとをつけていったことがある。

彼が向かったのは錦糸町で、誰もがふつうに向かう場所で、みんなと同じように客待ちをしていた。

彼自身からは聞けなかったが、人づてに知ったところでは、花岡さんには何人かの固定客がいるのだという。自分専用の遠距離客をたくさん抱えていたのだ。

何回か乗せているうちにそのお客に信用され、気に入られることで、会社とは別に彼自身の携帯電話に直接、連絡をもらえるようにするのだという。

「何時にどこに来てくれ」と入電があると、彼は最優先でその仕事に対応して、お客と関係性を築き、信頼を積みあげていく。お客は花岡さんを信頼して、目的地まで安心して行くことができる。ウインウインの関係*らしい。

私も新宿から神奈川の茅ヶ崎までのお客を偶然にも二度乗せたことがある。

2回目の乗車時、同じお客だと気づいた私は、彼が行き方の案内を始めた途端、

に座るとその大きさがわからない。一度、お客に因縁をつけられ「オモテへ出ろ」と言われたそうだ。クルマから降りると、お客は花岡さんの大きさに驚き、それまでの勢いは消え去り、ブツブツ言い訳をつぶやきながら、自ら車内に戻ったという。

**ウインウインの関係**
花岡さんは自分が出番のときでなくても、代理のドライバーがおり、お客からの依頼を断らなくてよいシステムまで作りあ

先回りして目的地までの経路を言った。

お客は驚いて、

「いやー、前にも一緒だったのか。こんなことあるんだね。それじゃ寝るから着いたら起こしてよ」

とだけ言うと、後部座席からはすぐに寝息が聞こえてきた。

無事、自宅前に送り届けると、支払い時、

「ありがとう。あなたの名刺をくれないか。あなたならいちいち説明する手間もなく済むからいい」

と言ってくれた。

新宿から茅ヶ崎までで2万円ほどの営収になる。

この仕事を始めて1年ほどのあいだは営収3万円台ばかりで、イヤミな事務職員から新人数名とともに〝サンコロ兄弟*〟などと揶揄《やゆ》されていた。

2年目以降、自分なりの工夫を重ねて1日の営収は多少上向きになったものの、社内でも平均の4~5万円を行ったり来たりしていて、けっして誇れる数字ではなかった。当時の私の目標は1勤務で営収5万円をクリアすることだった。

げていた。

**サンコロ兄弟**
営収が3万円だと、私の取り分が約1万8000円。1カ月に12勤だと、21万6000円。50代の男性の月収としてはかなり低いものとならざるをえない。

このお客を乗せれば、一発で目標の4割をクリアできる。これは大きい。私はついに初めての太いお客の獲得に胸が高鳴った。週に一度とはいわない。月に一度でもありがたい話である。丁重に名刺を渡した。

ところが、それ以降、その方からの連絡はなく、再びお会いすることもなかった。

お客との関係性を築くには、タイミングとそれだけの人間力が必要なのかもしれない。

## 某月某日 **勝手な思い込み**：やっていいこと、ダメなこと

乗車時にお客が行き先を告げる。

「はい、かしこまりました。どの道で行かれますか」と聞く。

「運転手さんにまかせるよ」と言われても、目的地までの経路を告げて、確認してから行く。いくつかの経験から学んだことだった。

３月下旬、東京駅丸の内口から60代と思われるスーツ姿のお客を乗せた。「半蔵門まで」と言われ、当然のように桜田門側に向かった。

ふつうであれば走り出す前に道の行き方をお客に確認する。しかし、丸の内側から半蔵門へのルートは皇居を正面に左回りが常識である。このあたりの地理も知り尽くしていそうな男性だった。聞けば逆に「当たり前のこと聞くな」と言われてしまうかもと思い、そのまま走り出した。

お客が途中で「あっ」と声をあげた。気にはなったが、何か別のことでも思い出したのだろうくらいに思っていた。それ以降、お客は車内で終始無言のままだった。

半蔵門のT字路付近に到着した。お客は支払いをしながら、

「反対回りで行ってほしかったんだけどなあ」

と苦笑いでぼやいた。

私が「あっ」と声をあげる番だった。

この時期、千鳥ヶ淵《ちどりがふち》には桜が咲き誇る。内堀通りの千鳥ヶ淵の咲き乱れた桜のトンネルは絶景だ*。お客はきっとそれを見たかったのだ。

**桜のトンネルは絶景**
ほかにも、首都高速道路のレインボーブリッジからの眺め、夜の東京タワーのライトアップ、隅田川沿いのぼんやりと見える桜なども絶景で、ささやかな役得だった。

「申し訳ありません」と謝った。

「いいや、いいんだよ。指示しなかった私が悪いよ。そんなこと言わなきゃわからないもんね」

彼はそう言って支払いを済ませて降りていった。


勝どきから乗せた女性客に「新橋に行って」と頼まれた。走り出すと、「私が言うから、その道で行って」と言う。

お客の指示する道では明らかに遠回りになる。

気になった私は「晴海《はるみ》通りのほうから行かなくてよろしいでしょうか」と尋ねた。

「そう、いいの。こっちの道を通ると運気があがって、縁起がいいのよ。だからお店に出る前はこの道って決めてるの」

どこかに行く際、距離が近いことが最善ではないと知った。好きなコース、好きな道のあるお客もいる。何事も勝手な思い込み*で決めてはいけないのだ。

**勝手な思い込み**
神田須田町から乗ってき

また、タクシードライバーは基本的にお客同士の会話に立ち入ってはいけない。

以前、友人と大宮に旅行に行き、そこでタクシーを利用した。道にあふれんばかりに大勢の人がいたので、不思議に思って、隣の友人に「なんだろうね」と尋ねた。すると運転手が即座に「大湯祭《だいとうさい》です」＊と答えた。

もちろん彼は親切心で言ったのだろう。それでも聞かれてもいないことに答えるのは差し出がましい行為となる。私は慎んでいた＊。

四谷で乗せた2人のお客が後部座席で話している。

「さっきの店員さん、あの人に似ていなかった？　あの歌手の、紅白にも出た人」

「えっ、誰？」

「ほらっ、『みずいろの手紙』を歌っていた女の人だよ」

すぐにあべ静江とわかった。しかし、お客同士の会話に割って入るわけにはいかない。

「その歌手、いくつくらいの人？」

「60くらいだよ。ドラマにも出たりしている」

たお客が「タメイケ」とだけ言う。赤坂の溜池だと思い、「溜池の交差点付近ですか？」と聞くが返事がない。そこに行って降ろした。数分後、会社から電話。お客から「日本橋のレストランたいめいけんと言ったのに、よくわからないところで降ろされた」という抗議があったらしい。せめて「日本橋の」とか「ランチに」とか言ってくれたらよかったのに。

**大湯祭**
毎年12月10日に、さいたま市大宮区の氷川神社で行なわれる祭り。十日市（とおかまち）と呼ばれる酉の市が開催される。

**慎んでいた**
とくに政治、宗教の話題には深入りせず、持論を封じ、相手に同調することがこの仕事の常道だ。相手はどのような意見を持っているかわからない。差しさわりのないことを差しさわりなく言えばなんの問題も起こらない。

あの人か、この人か、とずっとやりとりが続いている。名前だけつぶやきたい衝動に駆られるがぐっと我慢する。

すると一方の男性が「運転手さん、知っている？」と聞いてきた。

「聞くつもりでもなく自然にお客さまの会話が聞こえました。おそらくあべ静江でしょう」と答える。

2人はそれぞれ「そうか」「そうそう」と納得した様子だった。私ものどにつかえていたものが吐き出せてすっきりとした。

## 某月某日 **その筋の人**：「ここで待ってろ。逃げるなよ」

明らかに〝その筋〟、今の言葉でいう〝反社〟と思われる人が手をあげている。夜11時すぎ、浅草の路地裏だった。

本来なら知らないふりをして、そのまま通りすぎたいところだが、ばっちり目が合ってしまっている。これで目を逸らすわけにはいかない。

停めてご乗車いただく。いつもどおり丁寧に接客*する。

伝えられたのはワンメーターもいかないくらい近くのクラブだった。

そこに到着すると、

「ちょっと行って戻ってくるから、ここで待ってろ。逃げるなよ。会社と名前は覚えたからな」

運転者証を確認しながら、そう言う。

憶測だが、以前に関わり合いになりたくないと思って、待ての指示を無視して料金もとらずに逃げたタクシードライバーがいたのだろう。

私も数百円の支払いならば、とらずにこのまま逃げてしまいたい。しかし、そう言われれば、もう逃げるわけにはいかない。

メーターは倒したまま、お客が帰ってくるのを待つ。目の前の雑居ビルに入っていったので、このまま踏み倒して逃げることはないだろうが、この先のことを考えると、むしろ踏み倒して戻ってこないでほしいくらいだ。

期待もむなしく、お客は30分ほどで戻ってきた。

「上野行け」

**丁寧に接客**
タクシードライバーという プロと一般の方との違いは、運転技術や地理に詳しいことよりも気配りだと思う。文句を言うつもりのお客があいさつの仕方で収まることもある。乗車時に丁寧に対応することは自己防衛にもなる。

どすの利いた声でそう指示する。

上野に向かい、上野駅前をすぎても何も言わない。どうしたものかと思っていると、突然「そこ、右だ！」と怒鳴った。急ブレーキをかけて、上野仲町通りへ入る。

知っている人は知っているが、夜の上野仲町通り*は人であふれ、とてもクルマが入っていけるところではないのだ。

雑踏の中、歩くようなスピードでゆっくりとクルマを進める。通りすぎる人々はみな、「なんでタクシーがこんなところに入ってきやがるんだ」という顔で見る。

「私は別に入りたくて入ったんじゃありません。お客に言われたから仕方なく入っているんです」と心の中で言い訳を繰り返す。

「そこで停めろ」

またある雑居ビルの前で停車を指示され、また「待っておけ」と言い残し、お客はそのビルに消えていった。

狭い道にクルマが停められ、行き交う人々が邪魔だなという顔でこちらを見る。

**上野仲町通り**
昼に歩けばふつうの飲食店街だが、夜になると表情が一変。風俗店のネオンが輝き、客引きのお兄さんがたむろする歓楽街となる。

「こんなところに停めんなよ」という声まで聞こえる。いたたまれない気分だ。

15分ほどすると、また戻ってきた。

「何か問題があっても動くんじゃねえぞ。ここは俺のシマだからトラブルになったら、そこの店にいるから知らせに来い」と言って、今度はすぐそばの別の雑居ビルに入っていった。

ここに停まっているのも針のむしろ状態であるが、このあとさらにどこかに連れ回されるのかと考えると、さらに気が重くなっていく。こうしているうちにもあがっていくメーター料金を支払ってもらえるのかもわからない。

また10分ほどすると、お客が戻ってきた。車内には乗らず、

「悪かったな。もういいぞ」

と言われ、料金３９００円のところに５０００円札を出し、「釣りはいらねえ」と言う。

これでやっと解放されたかと思うと、心底ほっとした。

こんな人には乗ってもらいたくないが、〝その筋の人〟も悪い人ばかりではない。*

**悪い人ばかりではない**
その筋と思われる人も、たいていは何事もなくおとなしく乗っている。貫禄のある、その筋らしき老紳士が降り際に「お稼ぎなさい」とだけ言い残したのは迫力があった。

御徒町で〝その筋の人〟を乗せた。東京駅を指示され、向かう途中、携帯電話で組の人間関係と思われる話を延々としていた。

目的地に到着。お客は、欠損した小指を見せ、「運転手さん、これ、障害者割引10%ね」とジョークを言って大笑いすると、2000円を置いて、お釣りを断って降りていった。

## 某月某日 お褒めの言葉：「ワンメーターでいいですか？」

入社して3年目、事務職員の山田さんに呼ばれた。

「黒タクに1台空きが出たんですよ。内田さん、いかがでしょうか」

思ってもみない提案であった。

ボディ色が黒いタクシーのことを「黒タク」と呼ぶ。黄色や緑色などの派手なカラーリングとは違って、高級感のある見た目が特徴である。

一般的なタクシーよりクルマのグレードが高く、それにともない内装が良く乗り心地が快適で、質の高いサービス提供を謳っている。要はワンランク上のタクシー*ということになっている。

黒タクのドライバーは、ある程度の社歴を重ね、地理に精通し、接客も良好と認められた優良乗務員ということになる。

私はといえば、丁寧な接客だけは心がけていたものの、まだ都内にはおぼつかない場所も多く、ドライバーとしての自信もなかった。

しかし、黒タクはそのハイグレードなイメージから、飲食店がわざわざ指定してきたり、黒タクだけを好んで乗る人もいたりと、営業面では間違いなくプラスになる。

山田さんが私を黒タクのドライバーに推してくれたと思うと、その期待に応えたいという思いもあった。

こうして3年目から私は自信のないまま、黒タクドライバー*となった。

昼下がり、大手町から乗車してきた女性客が目的地を告げる前に開口一番こう言った。

**ワンランク上のタクシー**
ハイヤーとは別。ハイヤーは完全予約制で街を流さない。料金体系も違い、ハイヤーはメーター制を適用せず、出庫から帰庫までが課金対象となる。黒タクはあくまでタクシーのひとつ。料金も通常のタクシーと変わらない。

**黒タクドライバー**
結局、辞めるまで黒タクに乗り続けることになった。「黒タクなのに道を知らないのか」と思われるのが怖くて、熟知した上野周辺に張り付くようになった。このことが営収をあげる可能性を潰してしまったような気もする。

「ワンメーターですけど、いいですよね？」

もちろん構わない。昼のオフィス街でワンメーターはそれほどめずらしいことではない。

「以前、ワンメーターで降りたら、運転手さんに『こんな近くでタクシー使うんじゃねえ』って文句を言われて、とても怖かったんです。黒タクなら怒られないと思って」

都内で昼のワンメーターで文句を言うタクシードライバーなどそうそういるものではない。運が悪くヘンなドライバーに当たってしまったのだろう。

そこで女性客に、

「おかしな運転手に出合われてお気の毒でした。もしワンメーターのところで気になるようなら、停まっているタクシーより、走っている流しのタクシーに乗ったほうが嫌な思いをする確率は減りますよ。駅前につけ待ちしていて、最終電車すぎのお客さまがワンメーターだったら、私も落ち込みますけどね」

という笑い話をした。

そのお客を降ろしたあと、ピーク時をすぎたファミレスにクルマを停める。昼食は奮発してうな重を注文した。久しぶりのうなぎだった。

配膳された器の蓋を取ったら、うなぎの身が逆さまで皮が上向きでのっていた。おそらく外国人のアルバイト*が日本の食習慣を知らずに盛りつけたのだろう。

そのまま食べてもよかったが、あとあとこの〝常識〟がほかの客にも適応されるとまずいだろうと思って、店長を呼んでこの事実を伝えた。

店長は平謝りだった。

自分でひっくり返して食べたが、その味は煮魚のようでうなぎとは程遠かった。まあ、ファミレスでうなぎを注文するほうが間違っていたのだろう。

30分弱の食事休憩を終え、午後の勤務に戻る。

会計時に、もしかするとさっきの店長が出てきて「食事代は結構です」というような展開にならないかな、とささやかな期待を抱いた。

レジは店長が担当したが、食事代はしっかり受け取られた。

朝7時からの勤務が深夜1時で終了となる。この日は15回乗車があり、営収は

**外国人のアルバイト**
上野で乗ってきた2人組のお客が、「今フィリピンバーで締めにヤキソバ注文したら、UFOカップ焼そばがそのまま出てきたんだよ」と笑い話を聞かせてくれた。こうした文化や感覚の違いは楽しんでしまったほうがいい。

4万円ちょっとだった。もうひと踏ん張りできたかとも思うが、まあこんなところだろう。

入金*を済ませたところで、事務職員の山田さんが声をかけてくれた。

「大手町で乗せた女性客から御礼の電話がありましたよ。内田さんに『やさしい接客でとても気分がよかったです』と伝えてください、ということでした。わざわざ電話までしてくれる人はめったにいません。いいことしましたね」

女性客は渡したレシートの電話番号にわざわざ連絡してくれたようだ。女性客のその気持ちが嬉しく、その言葉は私にとって思わぬご褒美だった。

自分の気持ちがきちんと相手に伝わりさえすれば、見返りなど不要なのである。

## 某月某日 トイレは我慢：「頻尿」脱出術

この仕事を始めてしばらくしたころ、一時頻尿になったことがあった。

お客を乗せたらトイレに行けなくなるというプレッシャーが原因なの

**入金**
以前は現金を事務職員に手渡しし、彼らが指をなめなめ数えていたそうだが、私が入ったころには自動入金機になっていた。現金を投入し、出てきたレシート（明細書）を事務職員に提出して完了となる。

だろうか、さっきしたばかりなのにすぐまた用を足したくなってしまう。

大丈夫だと思ってもどうしてもトイレに行きたい。トイレに行ってもそれほどの量が出るわけではないのだが、無性に行きたくなってしまうのだから仕方ない。

乗車中にトイレに行きたくなり、公園などトイレのある場所を探す。その間は「回送」にしているので、お客がいても乗せることができない。だから営収は減る一方だった。

困った私は、大人用紙オムツの使用を真剣に考えていた。

ちょうどそんなころ、夜10時すぎ、またもトイレに行きたくなり、トイレのある錦糸《きんし》公園に向かう途中、京葉道路沿いでお客が手をあげている。

そのまま無視して通りすぎようと思ったが、うっかり「回送」表示にし忘れていたことに気づいた。しまったと思ったが、もう仕方ない。そのまま乗せた。

すると、行き先は町田市という。ふつうに走っても1時間以上はかかる。

もう無理だ。そこまでは我慢できない。直感的にそう思った。

どうしようもなくなったら、情けないがお客に素直に申し出てトイレに行くのを許してもらうしかない、そんなことを考えながら、錦糸町入口から首都高速に入って、稲城《いなぎ》インターで降りた。

ところが、そこから町田までのルートがおぼつかない。町田市は地図で見てもわかるように神奈川県の中に入り込んだ東京なのである。頭の中で必死に地図を思い出しながら、目の前の風景と照らし合わせて、道を間違えないように慎重に運転する。自分のいる場所を考えながら運転していると、いつのまにかトイレに行きたかったことなど忘れてしまっていた。

無事に目的地についてお客を降ろした途端、猛烈な尿意が襲ってきた。深夜0時、のどかな町田の地で、あたりに誰もいないのを確認して、畑の中へ、たっぷりためた尿をほうりこんだ。

錦糸町から町田で、2万円の営収。今日は目標にしていた5万円を超えた。あとは来た道を1時間かけて帰るだけ。堂々と帰庫できる。田舎の畑から見上げた夜空に満天の星が輝いていた。

この経験がきっかけになったのか、あれほど悩まされた頻尿はいつのまにかケロッと治ってしまっていた。

# 第2章 ドライバーの事情、お客の事情

某月某日

## 探しに出るか、待つか：ライバルたち

タクシードライバーの朝は点呼から始まる。

次に、社訓を読みあげ、事務職員から当日のイベント情報*、前日に発生した事故や違反などの事案が報告される。

その後、一度に40〜50台ほどが早朝から昼ごろまで1時間ほどの間隔を置いて、次々に出庫していく。500台ものタクシーがあり、それらがいっせいに出庫すれば大混雑となってしまう。そのため、シフトがAからEまで5つに分かれていて、Aの朝7時から、1時間ごとに時間差をつけて出庫していく。

「A勤」で出庫して、昼飯を食べに会社に戻ると、まだ「E勤」の人たちが食事をしていたりする。彼らにとってはそれが朝食なのだ。

出庫時間はある程度は本人の希望にそって決められる。私は早く出庫して早く帰庫したかったので一番早い「A勤」を希望し、そのとおりになっていた。シフ

**イベント情報**　有明のビックサイトでおもちゃショーが開催とか、神宮球場でヤクルト対阪神戦など、イベント内容や開催時間などが伝えられる。もちろんドライバーの営業活動に活かすためのものだが、私はあまり参考にしなかった。

トは一度決まってしまえば、変更の希望などがない場合は基本的にそのままとなる。

営業所の500台のタクシーは、午後になると1台残らず出庫している。

当日、体調を崩して急遽休みとなった人がいると、事務職員が休んでいる別のドライバーに声をかけ出庫を促した。私も何度かそれに応じて出社*したこともあった。会社は1台でも遊ばせてはならないのだ。

出庫の際、プラスチックのネームプレートを裏返し、「出番」とする。釣り銭を10円玉から5000円札まで用意してから、クルマの点検を行なう。

当日使用するクルマのタイヤ、燃料、ラジエーター液などを確認する。燃料のLPガスは基本的に満タン返しとなっている。

出庫の際、事務職員の山田さんは送り出しの言葉にバリエーションをつけていた。

あるときは、「今日も一生懸命怒られてこい！」と笑いながら送り出された。

お客に叱られることが当たり前なのだと思えると気分がずいぶんと軽くなった気がした。

**それに応じて出社**　休日に会社から電話がかかってくる。私は都合が悪くなければ、応じるようにしていた。そうして事務職員に貸しを作っておけば、自分の都合が悪くなった際などに融通をきかせてもらえることがあった。

ひとたび出庫すればどこに行こうが自由だ。

そこで最大のライバルになるのが自社のドライバーだ。

私のいた時代は、無線の早押しが営収に直結していた。流しより確実にお客をゲットできるし、お客も中長距離の確率が高い。

お客から配車の要望が入ると、無線室はいっせいに各クルマに無線を流す。一番初めに「了解」の合図をしたドライバーが、お客のもとに向かうことになる。たとえば、無線室から「日本橋前、5分」という無線が入る。日本橋千疋屋《せんびきや》の前に今から5分以内に到着できるか、という意味だ。

これで反応がなければ、「10分」と到着可能時間を延ばす。

通常はこの到着可能時間内に行けるドライバーだけが了解ボタンを押すのだが、営収に四苦八苦しているドライバーの中には、無茶苦茶な場所にいながら了解ボタンを押す猛者《もさ》もいた。その当時、無線室は、無線を受けたドライバーがどこで受けたかがわからなかったのだ。

無線室ではお客にだいたいの到着時間を告げているので、大きくオーバーするわけにはいかない。そのためにスピード違反、信号無視お構いなしで突っ走ってくるのである。

私は無理な距離にいて了解ボタンを押したことはない。危険を冒してまで営収をあげようというガッツがなかったのだ。

また、無線の電波の通りやすい場所、まわりに高い建物などなく、広々とした高台で無線待ち*する人たちもいた。同僚のひとりは、

「客がいるかどうかわからない流しより、待ちかまえて受ける仕事のほうがいいでしょ。俺は獲物を追うシャチじゃなくて、目の前に獲物が来るのを待つアンコウだよ」

と言っていた。腑に落ちるような、落ちないようなたとえ話だった。

今ではクルマの位置はすべてＧＰＳなどで管理・把握されていて、お客のいる場所にもっとも近いタクシーにダイレクトで指示が行くようになった。アンコウ戦法はもう通用しなくなったわけだ。

**無線待ち**
ある夜、５台分のクルマに迎車の依頼があった。私もその中の１台として指定場所に向かっている最中、無線が入り、「１５８３（私のクルマの番号）だけキャンセルになりました」と告げられたことがある。ふだんのキャンセルよりも一層落胆した。

## 某月某日　**クラスメイト**：なぜ話しかけられなかったのか？

足立区の某病院にお客を送ったときのことだった。お客を降ろしたあと、その病院に4、5台のタクシーがつけ待ちをしているのが目につき、せっかくなのでそのまま後ろに並んだ。

その数分後、私のすぐあとに並んだクルマからドライバーが降りてきた。

「なあ、あんたらみたいな大手はこんなとこ来なくてもいいだろ。*もっと都心に行って仕事してくれよ」

もちろんこうしたタクシー乗り場で客待ちをするのに、大手も中小も個人もない。

大手お断りの看板はどこにもないよ、と言い返そうかと思ったが、同業者とトラブルになるのも面倒と考え、そのまま黙って立ち去った。

各地域にはそれなりのルールがあるものなのだ。

**大手はこんなとこ来なくてもいいだろ**
都心にはわれわれの会社の専用乗り場があったり、大手だけを好んで乗るお客がいたりしたので、中小のタクシー会社よりも恵まれていたのかもしれない。

ＪＲ上野駅正面口のタクシープールに初めて入ったときのこと。

初めてなので並び方がわからない。戸惑いながら同業者に聞いてみた。

「ハザードランプのクルマが最後尾だから、その〝けつ〟につけるんだよ。自分の後ろに次のクルマが来るまではハザードつけておく。自分の後ろに次のタクシーが来たら、その点滅を消すんだ」

私と同年輩と思われる男性が丁寧に教えてくれた。横に数台が並んでいてもわかりやすいルールであった。

それ以来、このプールはたびたび利用するようになった。

しかし、この場所で客待ちのあいだドライバーたちの行動を見ていると、タバコをポイ捨てしたり、隅っこで隠れて立小便したりと、マナーの悪さが目についた。

私がこの仕事に就いた2000年は車内の喫煙は当たり前*で、空車時にはドライバーも平気で吸っていた。流しでお客を見つけると慌てて、窓からポイ捨てするドライバーもいた。こんなことだから、世間から「タクシードライバーはしょ

**車内の喫煙は当たり前**
2003年5月に健康増進法が施行され、タクシー事業は「不特定多数の方々が利用される公共交通機関」として、受動喫煙防止対策の努力義務が課せられるようになった。

うがない」と思われてしまう。

彼らの行状を見ていると、そういう業界に入ったのだと忸怩《じくじ》たる思いがつのった。同時にこの業界に何年いても、自分だけはそうしたことはしないでおこうと決意した。


上野のタクシープール*といえば忘れられない思い出がある。

そこで待機中、小学校のクラス会で数カ月前にあったばかりの友人を見つけた。彼は別会社のタクシードライバーになっていた。

彼はクルマに乗ったままで、私に気づく様子はない。私は彼に見つからないようにクルマを移動させた。

小学校時代は仲のよい友人で、クラス会で再会した際、お互いの仕事の話はしなかった。まさか埼玉の小さな田舎町の小学生が大人になってこの東京で互いにタクシードライバーとして遭遇するとは。

なぜ私は彼に声をかけなかったのだろう。彼も声をかけられても喜ばないのではないかと想像してしまったからだ。

**タクシープール**
ここではよくドライバー同士がおしゃべりしている。クルマから降りてなじみの同業者たちと「ダメだね。40分待って初乗り料金だよ」「こっちもヘンなお客乗せちゃって」などの愚痴の言い合いはストレス解消にもなる。

その日、しばらく自分がどうして彼に声をかけることができなかったのか悶々と考えていた*のだった。

## 某月某日　商売あがったり：酔っぱらいの絶叫

原則として自分の足で立てず、話もできない泥酔者へは乗車拒否が可能だ。乗る前から話もできないほど酔っぱらっていては、その後がどのようになるかは知れている。ドライバーとしても面倒くさいトラブル*はできるだけ避けたい。

あるとき、２人組の警察官から、交番の前で地べたに横になっている酔っぱらいを「家まで乗せていってくれないかな。金は持っているみたいなんで」と頼まれた。

警察官は警察官で、交番前で人事不省に陥っている人間をどうすることもできず、その困り顔には「この厄介者をここから片付けてくれ」と書いてあった。しかし、金の問題ではない。車内で戻されでもしたら、商売あがったり*だ。

**悶々と考えていた**　彼のことは記憶に残っていて、じつは退職後にクラス会名簿から彼の住所を見つけて訪れた。その住所からはすでに引っ越しており、また彼の勤めていたタクシー会社も廃業していた。それ以来、彼とは会うことができていない。

**面倒くさいトラブル**　幸いなことに、私は15年におよぶタクシードライバー生活で一度も車内でゲロを吐かれたことはない。ギリギリセーフだったり、ドアを開けてお客が吐いていたら後ろにバスが来たのであわてて移動したことはあった。

**商売あがったり**　車内でやられると独特の

私は「一晩、交番で泊めてあげて、明日しらふになったら乗せて家まで送り届けましょう」と断った。酔っぱらい客は誰にとっても厄介者なのである。

日本橋から乗ってきたお客だった。すでにフラフラで、ネクタイも何かに汚れたのかびっしょり濡れて色が変わっていた。これはまずそうだと思ったが、乗せてしまったら後の祭りだ。

行き先を聞くと、自由が丘だという。

それだけ言うとすぐに寝てしまった。

静かに寝ていてくれるお客はありがたい。このままスムーズにいくかと思われたが、到着したところで問題が起こった。

指定の場所に着いて料金をいただき、お釣りとレシート*を渡した。

お釣りとレシートを財布にしまったのを確認して、ドアを開けると、「運転手さん、レシート」と言う。

こちらは、レシートはお釣りと一緒に財布にしまったのをさっき間違いなく確認している。

臭いが消えないため、そこで業務終了になる。そのため「掃除代金」をいただく同僚もいた。掃除代は1万円が多い。強制徴収はできないので、出し渋っているお客には、もう仕事ができないと説明して納得してもらうのだという。

**レシート**
ときどき「あまっているレシートない？」と聞いてくるお客がいた。そのレシートで会社に精算し、ポケットマネーにするのだろう。これを知って、お客から要らないと言わ

「さきほどお渡ししました」

「いや、もらってないよ。レシートちょうだいよ」

お渡ししましたと言っても「もらっていない。レシートくれ」の一点張りである。メーターを戻してしまったので再発行はできないと説明しても通用しない。

「渡しました」「もらってない」の往復をしているうちに、お客はだんだん興奮してきて、大きな怒声になってきた。

「レシートくれよぉ！」

深夜、ドアが開け放たれたタクシーから大声が響き渡り、家々から人が出てきた。近所の人が見ているだろうに、酔いのせいか、お客の怒鳴り声はやまない。

「レシートォォ！」

ほとんど絶叫している。

心配して見に来てくれた近所の人が、「運転手さん、警察に通報したほうがいいかもね」とアドバイスしてくれた。

酔っぱらい客の扱いには多少慣れてはいるものの、近所迷惑なので110番に通報した。十数分後、数人の警察官がやってきた。日本の警察の対応は迅速だ。

れたレシートを取っておくようになった。渡すと喜ばれる。これもまた乗客サービスの一環なのである。

警察官が現れると、お客の態度が一変した。大声はやみ、お客はおとなしく警察官に事情を説明し始めた。警察官の制服の効果は絶大なのだ。

お客はあっさりと説得され、おぼつかない足取りで家へ帰っていった。

「ちゃんと料金はいただいているんでしょう？　それならもういいですね。それにしても災難でしたね。ご苦労さまでした」

警察官のねぎらいの言葉に救われた。

某月某日　**あなたは幸せ？**：一緒に暮らした母の問い

仕事が終わると、私はときどき夜中に歩いて帰宅*した。会社のある千住から、住まいのある葛飾立石までは歩くと、40分ほどかかる。1日ずっと座っているので、歩くのは気分転換にもなり気持ちがいいし、健康のためでもある。

明け方に家に着き、風呂に入ってから仮眠。午前中いっぱい寝てすごし、午後に散歩に行くことが日課となっていた。

**歩いて帰宅**
午前3時すぎ、歩いて帰宅する途中、酔っぱらった若者にからまれた。たまたま警察官が通りかかり事なきを得たが、クルマを降りてからも酔っぱらいを寄せ付けてしまう

運転しながらお客を探し続け、乗せれば行き先に向けて走り出す。走行中もお客の要望に応えながら四方八方まわりのクルマに気をつかう。緊張の中で長時間ハンドルを握らなければならない。だから明けの日*はハンドルを見るのも嫌だった。

休日には1万歩を歩いた。

1章で述べたように、趣味と実益を兼ねて、仕事で気になったところへバスや電車で行っては、歩いて道を確認していた。

当時の私は立石の団地での母とふたりの生活だった。

ひとり息子はすでに独立し、勤め人として海外生活をしていた。父はケアホームに入居*していた。

50歳をすぎてタクシードライバーになり、早朝に家を出て、翌朝に帰宅する私を、母はどう思っていたのだろうか。

ときどき近くまでお客を送った折に家に立ち寄り、母と一緒に昼めしを食べた。家にひとりでいる母のそばにできるだけいてあげることが親孝行だと思っていた。私がタクシーに戻ると、5階のベランダからずっと見送ってくれていた。

のかと情けなくなった。

**明けの日**
「明け番」ともいい、勤務明けの休みのこと。1回の勤務で2日分働くので、勤務明けは休みになる。

**ケアホームに入居**
その費用は父の年金では足りず、私たち3人の子どもが援助していた。父は妹が苦労して見つけたところが気に入らず、わがままを言い、ケアホームを転々としていた。

タクシードライバーになって、5、6年がすぎたころのことだ。早朝に帰宅し、仮眠をとったあと、遅めの昼食を母ととった。小春日和の日だった。

体を丸くして座布団に座った母は「私の人生で今が一番、幸せ」としんみりつぶやいた。

前述した倒産劇の一番の被害者は母だった。父に借金の保証人にさせられていた母は、裁判所の被告席にまで座らされた。その日、「どうしてこの席にいなければならないの」と泣いた母に、私はなんの言葉もかけられずにいた。

それ以降も、仕事も家も失った母の落ち込み方はひどく、引っ越し先の立石に移ってもどこにも出歩かず一日中、家の中ですごすようになっていた。憔悴しきった表情を見ると、何かしでかさないかと私も心配になった。*

あの倒産劇から6年が経ち、新しく越した土地でも友人ができ、まだ体も元気、人生で初めてなんの心配もなく暮らせる幸せを味わっていたのだろう。

続けて「あなたは？」と尋ねられた。

そのころの私は明け方、会社のロッカールームでネクタイを結ぶとき、また長

**心配になった**
近くに住む妹が毎日のように母の様子を見にきてくれた。離婚した元妻も「お母さんから目を離さないほうがいい」と忠告してくれた。それほどのふさぎ込みぶりだった。

い一日が始まるのかと重いため息をついていた。自分の境遇を考え、即答ができなかった。

私は答えに詰まり、あいまいにうなずいた。

## 某月某日　ルーティーン：私の、ふだんの一日

朝7時すぎ、50台ほどのタクシーが動き出す。「A勤」の出庫の時間だ。10台ずつが数珠つなぎで間隔を置かず一般道へ出ていく。

さあ、またタクシードライバーの一日が始まる。

私はいつもどおり日光街道*（国道4号線）を都心に向かう。信号待ちで隣に知り合いのドライバーが並ぶ。

「どこ行くの？」と声をかける。

「無線です。北千住です」40代の榎本さんはキャリア1年の新人だ。

「そうなんだ。朝からツイてるね。頑張って」と返す。

**日光街道**
江戸時代の五街道のひとつ。日本橋から千住、栗橋、宇都宮などを経て日光にいたる約150キロ。朝は大型トラックで混みあう。

三ノ輪付近で手をあげて合図をしている男性。時刻は7時15分、この日初めてのお客だ。

「岩本町までお願いします」と乗り込んだサラリーマン風の男性を靖国通りをすぎたところで降ろし、1780円。都心に向かうついでの稼ぎとなり、ラッキーだった。

まだ8時前なので、コンビニで朝食のパン1つとお茶、それに新聞と缶コーヒーを購入。パンをかじりながら*勝手知ったる地・上野へ向かう。

上野駅付近で、今度は60代と思われる女性が乗車、「東大病院」を指定される。不忍《しのばず》通りから無縁坂を通って、東大病院に到着。1380円。

せっかくなのでそのまま東大構内のタクシー乗り場に並ぶ。待っているクルマは5台。私の番まで30分ほどだろう。ただ、ここは駅までの短距離客が多く、大きな営収は期待できない。

予想どおり30分ほどで高齢の女性とその娘さんらしき人が乗ってきた。御徒町までとのこと。これも予想どおり。980円。

続いて上野駅のタクシープールへ。40分待ちで中年のスーツ姿のお客が乗り込

**パンをかじりながら**
これもルーティーンでほぼ毎日食べていた。空車といえども走行中にパンを食べるなど厳禁である。通行人や対向車にも見つからないようにこっそりとかじっていた。幸い、退職するまでバレなかった。

む。「墨田区文花《ぶんか》のK社まで行って」。２４８０円。

文花のK社前でお客を降ろし、浅草通りを北上。押上で腰の曲がったおばあさんを乗せる。行き先は上野の永寿総合病院。

「半年前、タクシーに乗っていて事故に遭い前歯を折っちゃったのよ」と話し始める。タクシードライバーは客をほったらかしにしていたと憤慨される。とんだ災難でしたねと同情し、１５８０円を受け取る。

午後1時前にコンビニ弁当で昼食、上野公園脇でシートを倒して1時間ほど横になる。

昼の2時ごろ、無線を受ける。東京都美術館からお台場のテレビ局までとのこと。若い男性3人を乗せて、高速で上野から台場まで５８８０円。後部座席の会話からテレビ局のスタッフらしい。帰りはレインボーブリッジを一般道で戻る。

第一京浜から品川を通って銀座で初老の男性を乗せる。

「下道《したみち》*で松戸まで行ってちょーだい」この時間のロング客はありがたい。

前のタクシーを見すごして私のタクシーに手をあげていた。「あんたの会社が来るまで待ったんだよ」と嬉しい言葉。この会社のクルマに乗ると決めているお

**下道で**
高速料金はお客の負担になるため、「下道で」という指定はよくある。タクシードライバーは高速のほうがありがたいが、銀座から松戸までなら下道でもありがたい。

客もいる。水戸街道を走り、常盤平まで9220円。他県（千葉県）ではお客を乗せられないので「回送」で都内まで。

葛飾区に入ってからはお客がいない。しばらく流す。

夕方6時前、混む前に上野の立ち食いそば屋*で380円の天ぷらそばをかきこむ。

再び上野のタクシープールに入る。若い男が「吉原」とだけひと言。千束《せんぞく》4丁目で降ろす。1140円。

近くのソープ店から手まねきされ、女の子が乗ってくる。まだ午後9時前なのにと思っていると、体調不良で早退とのこと。鶯谷《うぐいすだに》駅まで980円。

少し走って、浅草のトイレ横のタクシードライバーのたまり場で休憩。

「今日、どうよ？」顔見知りに声をかけられる。

「あんまりですね」と答える。実際ここまで2万5000円だからよい数字とはいえない。それにしてもここで「大当たり」「絶好調」という返事は聞いたことがない。

浅草ビューホテル前でつけ待ち。日本髪の芸妓《げいぎ》さん3人で向島《むこうじま》まで900円。

**立ち食いそば屋**
この店は4号線側にあり、店内から駐車している自分のクルマが見えたので安心だった。

そこから夜11時までワンメーター客ばかり３組。

さあ、この時間からは運次第。流しでサラリーマン風の男性を神田から赤坂まで２５００円。

その客が降りたところで３人組の若い男性が「いいですか？」と乗り込み、「千葉まで。とりあえずそこの霞が関で高速に乗って幕張まで」のセリフに内心ガッツポーズ。３人それぞれの家まで寄って２万円近くに。時刻は深夜０時半。最後の３人組男性に助けられて営収は５万円超え。私としては営収の良い一日だった。鼻歌まじりに高速を飛ばして*帰庫。長い一日が終わる。

**高速を飛ばして**
帰りの高速料金は会社が支払うシステムになっている。営収５万円超えなら、胸を張って高速で帰ることができた。

## 某月某日　最長不倒：お客を信じる？　信じない？

先日、こんなニュースを目にした。

横浜市から鳥取市まで６００キロ以上にわたりタクシーに無賃乗車したとして、

鳥取県警鳥取署は17日、住所、氏名とも不詳の女を詐欺容疑で現行犯逮捕し、発表した。（略）署によると、女は同日午前2時半ごろ、代金を支払うつもりがないのに横浜市戸塚区のＪＲ戸塚駅からタクシーに乗り、約8時間かけて鳥取市東品治町のＪＲ鳥取駅付近まで運転させ、乗車料金23万６６９０円を支払わなかった疑いがある。

女は「鳥取砂丘を見たい」「鳥取駅でお金をおろすから」などと言って乗車。到着しても料金を払わないことから、運転手が女を乗せたまま鳥取署まで連れて行ったという。40代ぐらいで、確認できている所持金は数百円程度という。

（２０２１年1月18日、朝日新聞デジタル）

ときどきお客に「今まで行った一番遠いところはどこ？」と聞かれた。

私は遠方の体験*はあまりない。もっとも遠いのは宇都宮だった。深夜割増料金で5万円ほどになった。

そのお客はＪＲ上野駅前で乗り込んできた。

仙台から宇都宮まで行く電車に乗っていたが、熟睡して乗りすごし、上野駅ま

**遠方の体験**
遠方はないが、5時間ほど乗り続けたお客ならいた。初老の男性は床屋に行き、デパートに行き、食事に行き、しまい

で来てしまったのだという。すでに終電の時刻をすぎていた。

ホテルに泊まったほうが安いだろうにと思って尋ねた。

30代と思われる男性は、

「明日の朝、親がクルマを使うんです。でも、そのクルマ、私が宇都宮駅に停めてしまっていて……。だから、どうしてもクルマを朝までに親のところに返さないといけなくて」と言う。低姿勢な人で「こんな遠くまで、本当にすみませんね」などと詫びる。

すまないことはない。タクシードライバーにとって、こんなにありがたいことはないのだから。

「いいえ、運転手にとってありがたいことです」と返したが、その事情に同情もした。

とはいえ、継ぎ目のない東北道をスムーズに飛ばし、加須《かぞ》、栃木と進み、青タンの料金メーターがスピードとともに勢いよくあがっていく様は正直快感だった。

私の最長不倒はこの程度の話しかないので、ここでは同僚の一人、遠山さんの武勇伝を紹介しよう。

には外車販売店に行った。「ベンツ2台を契約してきた」とうそぶく。メーターが3万円を超え、さすがに心配になり「まだこのままご利用になりますか」と聞くと「だいぶ世話になったから降りましょう」とメーターどおりに支払ってくれた。変わった人だったが、良いお客だった。

遠山さんが上野で客待ちをしていると、ある客が前のタクシーに次々に断られる様子が見えた。

何件も断られたお客が遠山さんのクルマに来て、こう言う。

「今は金の持ち合わせはないんだけど、家に帰ればカードがあるんです。だから富山まで行ってほしいんだけど」

こんな話をまともに信じるドライバーはいないだろう。

ところが、遠山さんは会社の了解を得て引き受けた。それにしても会社もよく許可したものだ。

乗車するお客にドライバーが「金を持っているか」と確認するのは、お客を疑うことになり、タブーでもある。

しかし、そのお客は「今は手持ちの金がない」と正直に言っているのだ。あとは、家についてカードで払うという言葉を信じるかどうか、だ。

私なら……間違いなく、断る。

理由その一、あまりにも遠くて、体力に自信がない。

理由その二、料金をもらえない可能性がある。なんらかの理由をつけられて逃げられたら、富山ではどうにも手の打ちようもないだろう。

理由その三、ちょっと情けないが、そんな無理をしてまで営収にこだわらない。*

そのお客には、

「とてもありがたいお話ですが、ご覧のような年輩者で体力が持ちません。それだけの遠距離で、もし私の身に何か起こったら、お客さまに取り返しのつかないことになりますので、申し訳ございませんが、ほかのクルマを当たってください」

と答えるだろう。正真正銘、これが本音だ。

しかし、遠山さんはこの話を受けた。*

遠山さんは「もう自分が騙されてもいいと思ったね。そのときは全部自腹の覚悟の男気だったよ」と言う。これもどこまで本音だかわからない。終わったあとになればなんとでもいえる。

タクシーの燃料はＬＰガスであり、燃料補給ができるスタンドは限られている。富山ほどの遠方だと補給なしでは帰れない。遠山さんは、会社に定期的に現在地と燃料の残量を伝え、ＬＰガススタンドの場所を案内してもらいながら走行した。

**営収にこだわらない**
入社して数年は多少無理をしてでも営収をあげようとしていた。だが、ラスト数年はすっかりその意欲を失っていた。それでも上には上（下には下？）がいるもので、稼ぎ時の夜10時から仮眠に入るという同僚もいた。さすがの私もそこまではできなかった。

**この話を受けた**
営業区域内から50キロを超えた場所へ行く際には、利用者に帰りの高速料金を請求することができる。

8時間に及ぶ走行で富山に到着。立派な門構えの邸宅だったという。

「あの家を見たとき、これは支払いも間違いないなと確信したね」

遠山さんは笑いながら語ってくれた。

それでも家から戻ってきたお客がカードを渡してくれた*ときには心の底からほっとしたという。

料金は約20万円、往復走行距離は約800キロだった。

そのお客からは、「私のことを信用してこんな遠くまで送ってくれて、本当にありがとう」と感謝されただけではなく、家から持ってきたたくさんの土産までもらったという。

「富山は本当に遠かったよ。お客を乗せて目的地に向かっているときはまだよかったけど、特に一人で帰ってくるときがまあ長いのなんの。見覚えのある表示板が現れたときは、やっと帰ってくることができたと、ほっとしたよ。でもやっぱりお客を信じようという男気、これが大切だよね」

宇都宮までしか行ったことのない私に、富山まで到達した遠山さんはそう自慢げに語ってくれたのだった。

**カードを渡してくれた**
カード決済では1回の上限が5万円だったため、4回繰り返して打ち込んだとのこと。

## 某月某日　パチンコ狂：タクシー乗務なら72時間

就職活動時に見た会社の求人案内欄には「ボーナス年３回」とあった。金額は記していなかった。

たしかにボーナスは年３回支給された。だが、私の思っていた金額とは一ケタ違っていた。だいたい４～５万円で、営収が少なければ、それに比例してさらに減った*。

ボーナスが出た後、たいへんににぎわう場所があった。会社のすぐそばにある早朝から営業している飲み屋で、下戸の私は行かなかったが、多くの同僚はそこで憂さ晴らしをしていた。

同僚には「飲む・打つ」が大好きな人たちがあふれていた。

一度だけ同僚と安い１泊旅行*をした。私を除く４人は、観光旅行ならぬ飲み旅行というほど浴びるほどに飲みつづけた。お客として乗せる酔っぱらいは嫌いだ

**さらに減った**
辞める前の１、２年は出番を半分ほどに減らしていたため、ボーナスも３万円を割っていた。

**安い１泊旅行**
茨城県の温泉地への激安バスツアー。たしか２食付きで１人１万円以下だった。

が、友だちの酔っぱらいはかわいいものだ。

ドライバーのあいだではギャンブルも人気があった。競馬、競輪、競艇と社内食堂では熱心に議論が闘わされていた。私はその仲間には加わらなかった。

そんな私が唯一ハマったのがパチンコだった。勤務明け、パチンコに日参していた時期がある。軍資金の1、2万をたずさえて、パチンコ台に向き合った。

パチンコ初体験は高校生のときで、私の街の小さなパチンコ店はまだデコボコした土の床だった。台の不具合で玉が出ないと、威勢のいい兄さんが「出てこねーぞ!」と台を叩く。すると裏の台上から「そんなデカい声出さなくたって聞こえてらあ」とおばさんが怒鳴る。牧歌的な時代だった。

立ったまま玉を左手から1つずつ入れ、右の親指で弾く。ビギナーズラックというやつで初回に大当たりした。まだ換金を知らなかった私は大量の明治の板チョコを手にした。幸か不幸か私のパチンコ人生が始まった。

一度、有名チェーン店で短時間で大当たりが連続したことがあった。「キン肉マン」の台だった。

初めのうちはラッキーと思っていた。ところが大当たりは止まらない。ふだんはあれほど大当たりを願っていたのに、止まらない台に急に不安になってきて、もう止まってくれと願った。やはり私は一生、勝負師にはなれないだろう。

山のように積みあげられたドル箱をうらやましそうに見る客の視線を感じる。換金すると20万円になった。タクシー乗務でこの額を稼ごうと思えば、72時間はクルマ*に乗らねばならない。それがたった数十分で手に入るのだ。

たかだかパチンコに勝っただけだが、天下でも獲った気分で、日本に私以上の幸せ者はいないというような錯覚に陥る。やはり大当たりしたときの快感・高揚感は何物にも代えがたい。

こういう体験をすると、そのことが心に残る。小さな負けなどすべて忘れてしまうほど強烈なインパクトを刻む。

開店時間前から店頭に並び、台の前に座って大当たりがなかなかこないとき、目が血ばしり、頭が沸騰する。負ければ負けるほど、もうすぐ当たると思う。勝ったときのあの高揚感を追い求める。

負ければ、失なった金額を日常生活に換算して考えてしまう。あれも買えた、あの食事もできたのにと反省する。

**72時間はクルマ**
１勤務（18時間）で５万円として４勤務分。18時間×４勤務＝72時間となる。私の場合、１勤務で営収を５万円あげられることはそれほど多くなく、さらに手取りで考えれば、20万円を稼ぐのはもっと困難となる。

どれだけ負けても、ひと晩寝ると忘れて、あの興奮を求めて再び通ってしまうのがパチンコの魅力であり、恐ろしさでもあった。

某月某日 **借金王**：「わざと自爆事故をして…」

プライベートでも雨の日などはタクシーを利用することもあった。

ある夜、拾ったタクシーに乗り込んで、癖のように運転者証*を見ると、どこかで見覚えのある顔と名前。偶然にもかつて同じ営業所にいた横山さんだった。

「横山さん、お久しぶりです。私のこと、覚えていますか？」

「わかりますよ。千住営業所でときどきお話ししていた内田さんでしょう」

「近くで申し訳ありませんが、立石までお願いします」

彼が乗務していたのは別のタクシー会社のクルマだったため、私はワケを尋ねた。

「横山さん、どうしてうちを辞めて、他社に移ったんですか？」

**運転者証**
助手席の前に掲示されている、顔写真付きの運転者証の交付を受けるためには、タクシーセンターでの登録が必要。法人タクシーは運転者証、個人タクシーは事業者乗務証の交付を受け、車内に表示しなければ営業できない。運転者証は帰庫するたびに会社に戻していた。

「はい、じつはお恥ずかしいことなんですが、娘の私立高校の入学費用捻出のためでして……」

タクシー乗務経験のある人が他社に移ると、*その際に「入社祝い金」を出す会社がある。金額は20～30万円程度である。

彼が言うには、娘さんの高校入学の費用にするため、入社祝い金狙いで別会社に就職し直したのだという。

長年勤めた会社を辞めてまで資金繰りせねばならない、カツカツの生活だったわけだ。

しかし、彼のようなケースはめずらしいことではなく、ギリギリの生活をしている人は、私自身も含めてたくさんいた。ドライバーの中にも貧富の格差はあったが、私の知る限り裕福な人はいなかった。

「でもね、娘がその受験に失敗しちゃいまして……公立に行ったんで入学費用も安く済みまして。いいのか、悪いのか」

そう言って彼は苦笑いした。わずかな釣り銭は受け取らず降りる。彼が乗っていたのが大手のタクシー会社で私は少しだけほっとした。

**他社に移る**
タクシー会社にしてみれば、教えたり、試験を受けさせたりという手間をかけずに即戦力を得られるわけで、経験者はどの社にとっても貴重な存在なのだ。

裕福な人は知らないが、借金王なら知っている。

私より10歳年下で、人懐っこい笑顔が印象的な松林さんだ。彼は人当たりもよく、おっとりした性格だった。

前職は雑貨屋を経営していて、外国からの輸入品も扱っていたという。私も前職で雑貨屋との取引があったこともあり、親しくなった。

外国との雑貨取引で詐欺まがいの被害に遭ったり、取引先が潰れたりして商売もうまくいかなくなり、結局数百万円の借金で首が回らなくなった。雑貨屋をたたんでタクシー業界に転職してきた口だった。

いつもはニコニコと穏やかな松林さんが考え詰めた表情でこう明かしたことがある。

「わざと自爆事故*をして保険金をせしめようと思っているんですよ。死なない程度で片足がなくなるだけで500万円ほど受け取れるんです。悪くないかもしれません」

いつになく真剣な顔だった。

私は驚いて、なんと答えたか覚えていない。

**自爆事故**
彼は本気だったのだろう、自爆事故を予定しているという都内某所の壁についてまで教えてくれた。しかし、いかに覚悟を決めても、自分で壁に突っ込むことなどできないの私も借金を背負って苦しんだ経験があるが、自分の身体を傷つけてまで金が欲しいと思ったことはない。それでも借金のつらさ、苦しさを知っている身としては、彼の思いがわからないこともなかった。

それからしばらくして社内で松林さんの姿を見ることもなくなった。

この職業はよほど親しくしている人以外は、知らないうちに消えるように退社していく。一般の会社のように退社時にみんなの前であいさつしたりすることはない。年に一度の採用試験後の入社などもなく、常時募集、常時入社*していたし、人の出入りは激しかった。

松林さんの姿を見なくなり数年。ある日、浅草国際通りでつけ待ちをしている私のクルマの窓をトントンと叩く人がいる。

誰かと思ってみると、あの松林さんだった。

以前と変わらぬニコニコとした柔和な笑みで、「しばらくですね。元気にしていましたか?」と声をかけてきた。

「もうタクシーは辞めました。今は警備員です」

私は思わず、彼の足もとを見た。

ではないか。

**常時募集、常時入社**
採用担当者から、「私を助けると思って、人を紹介してください」と熱心に言われた。辞めて他社に移り、移籍時の祝い金を得る「渡り鳥」が多く、当時は人手不足だった。

彼の足は両方とも揃っていた。

## 某月某日　ほら、来た：典型的な詐欺師の手口

土曜日の夕方。上野から乗ってきた50代と思われる、派手な柄のシャツを着た恰幅のよいお客。行き先を渋谷と告げたあと、「運転手さん、野球はどのチームが好きですか？」と向こうから気安く話しかけてきた。

こちらの機嫌でもうかがうような、タクシーの乗客にはめずらしい態度に警戒心が湧き上がってきた。

「これから渋谷で人と会うんですけどね。そこでの短時間の打ち合わせが終わったら、すぐにそのまま横浜に行きたいんですよ」

上野から渋谷、さらに横浜まで行けば、総額で2万円ほどの営収になるだろう。運転手にとって「オイシイ仕事」ではある。

「ただですね、私、上野で使っちゃったばっかりで、ちょうど今、現金の持ち合

わせがないんですよ。渋谷で会う人に持ち合わせがないと言うわけにもいかないんで、すみませんが3万円ほど貸してくれませんかね。いや、もちろん横浜に着いたらすぐに返しますから」

ほら、来た。これは典型的な詐欺の手法である。

私は警戒しながらも平静を装い、こう答えた。

「今、私の持ち合わせは2万円しかありません。お客さまが渋谷で会われる方とこのタクシーの中で会うのならお貸ししますけど」

男性は「うーん」と言って考えている。それ以降、男性の口数はほとんどなくなった。

そうこうしているうちに目的地の渋谷が目前になる。

「それじゃあ、交番前に着けてくださいよ。交番前なら安心でしょう」

男性がそう言うので、私はクルマを渋谷駅前交番のところに停車させた。

すると男性は「すぐ戻るから、ここで待っていてくださいよ」と言ってクルマを降りようとする。

「車外には行かない約束でしょう」

私が言い返すと、男性はさきほどまでの低姿勢とは打って変わって声を荒らげ始めた。

「少しだって言ってるだろ！　信じろよ。すぐに戻ってくるんだから」

このまま降ろしてしまったら、もう二度と戻ってこないだろう。上野からここまでの料金5000円が踏み倒される。

「そう言われましても、さっき初めて会った人を信用できません」

私も引き下がらないでいると、そのうち顔つきが変わって、粗暴さを表してきた。

「客が降りるって言ってんだからドア開けろよ！　客を降ろさねえのか。お前の名前と顔を覚えたからな。ただで済むと思うなよ」

言っていることは無茶苦茶だが、どうしようもない。私のほうが折れて、ドアを開けた。

男は素早くクルマを降り、渋谷の雑踏に紛れ込んでいった。もちろんそのまま戻ってくることはなかった。

すぐそばの渋谷駅前交番に駆け込むこともできた。だが、実際にタクシーという二人だけの密室で怖い思いをすると、５０００円程度ならそれを取らずに済ませてしまおうと思ってしまうものだ。

それでも、授業料と思うには自分自身の心の弱さが情けなかった。

一日の営業を終え、帰庫してこの件を報告する。*

事務職員からは「やられましたね」の同情の一言だけでお咎《とが》めもなかった。これは自己責任だから当然ながら補てんもない。奴のタクシー料金を私が自腹で払うのかと思うと、ますます腹が立った。

翌日の朝礼でこの一件が報告され、みんなに気をつけるようにと通達があったらしい。私の名前は伏せられていたようだが、こうした話はすぐに知れ渡る。

後日、ドライバー仲間から「災難だったね」と声をかけられた。狭い社内、人の失敗談はものすごいスピードで広がるのだ。気をつかってくれたのかもしれないが、この人にも知られたかと思えば、気持ちのいいものではなかった。

ところが、この話はこれで終わりではない。

その数週間後、上野で再びあの男が私のタクシーに乗り込んできた。

**この件を報告する**
毅然とした対応ができなかったという思いがあったため、報告をするかどうか迷った。しかし、同じ手口で誰かがダマされてはいけないという思いで伝えることにした。

男は私の顔など覚えていないだろうが、こちらは一生忘れない。乗り込んできた瞬間に奴だと察知した。

そうとも知らず、男は「運転手さん、渋谷までお願いします」などと言う。

ここで会ったが百年目、あのときの悔しさがよみがえり、今度は開き直っていた*。

「おいっ！　いつまでこんなことやっているんだ。私のことは覚えていないだろうが、こっちはお前の顔を覚えているぞ。数週間前にお前に踏み倒された間抜けな運転手だ。そこの交番に連れていってやろうか。前回は私もバカだったが、今日はそうはいかないぞ。それでも乗るのか！」

そう言うと、男は鳩が豆鉄砲を食らったように目を丸くして驚き、無言のままでそそくさと降りていった。

これだけのタクシーがあって、まさかまた会うとはどれほどの確率だろう。それとも、毎日のようにこの上野で同じことをやっているのか。

とすれば、私のほかにも同じように脅された被害者がいたかもしれない。あのとき、私がもう少し勇気を持って対応していれば、繰り返されることもなかった

**開き直っていた**
ふだんの私ならどうしようかと戸惑ったかもしれないが、このときは頭に血がのぼり、一気に言葉が出てきた。

だろう。そう思うと、あのまま交番に突き出してやってもよかったかもしれない。

あっ、それはそうと、踏み倒された５０００円を請求するのを忘れてしまった。

## 某月某日　必死の説得：チケット客は上得意

当社の名入りの専用タクシーチケット*はプラチナチケットとされ、最上級のお客ということになる。

夜の新橋駅付近でつけ待ちしていた。ほかに何台も待機しているタクシーには目もくれず、40代の男性客が私のタクシーに乗り込んできた。

「やっと見つけたよ。おたくのタクシー、このあたりに全然いないんだもん」

チケットは接待用でいわゆる〝お車代〟として手渡されることが多い。こうしたお客は身元がはっきりしていて、私が知る限り、みな紳士淑女であり、おかしなお客に当たったことはない。

男性客からは、首都高の汐留から入って芝浦の五色橋付近まで、と指示された。

**タクシーチケット**
精算時、タクシーチケットの金額はお客に記入してもらうのが原則。泥酔客に「あとで書いておいて」と降りられれば、帰庫時にその白紙チケットと金額のレシートを添えて事務職員に代書してもらう決まりになっていた。一度、酔客に間違った数字を記入され、書き直してもらった。帰庫してから、訂正は不正の疑いで無効扱いにされた。自腹で納金した。

指示どおりに汐留から首都高に乗ったものの、うっかり芝浦の出口を通りすぎてしまった。次の出口で降りなければと焦ったが、次の出口がなかなかない。

背中に視線を感じ、冷や汗をかく。バックミラー越し*にお客を見ると、運がいいことに眠っている。今日はどうやらツイているらしい。

お客にはどうかそのまま眠っていてくれと祈りながら、やっと鈴ケ森《すずがもり》の出口で降りて、一般道を戻った。とはいえ、7キロ近く行きすぎている。

目的地に着いて、眠っているお客に「お待たせしました。着きました」と平気で言える図々しさもこのころには身につけていた。

目をこすりながら、「もう着いたの。ありがとう」と言い、お客は何事もなかったように降りていった。

チケット客はいつもの料金より多少高くついたとしても、自腹ではないのでまず気にしない。おかしな客がおらず、遠距離客が多いうえ、料金でもめることがない。タクシーチケットのお客はたいてい当たりだった。

浅草のある有名料亭は、私たちタクシードライバーにとって当たりのお客にあ

**バックミラー越し**
目的地に着いて、料金のやりとりをするとき以外は振り向いてお客の顔は見ない。

りつけるスポットのひとつだ。

午後９時すぎ、近くを流しているときに無線が入り、私が取ることができた*。この料亭からのお客は数回乗せたことがあり、いずれも遠距離客であった。ある程度の営収が期待できる。

その料亭では、店頭に半纏《はんてん》を着た番頭さんが出てきて、タクシードライバーに直接指示してくれる。

番頭さんの指示どおりに料亭の前に横付けしてしばらくすると、数人の芸妓さんたちに見送られて、ひとりの老紳士が出てきた。

70代だろうか、高級そうな仕立てのスーツを着て、どこかの企業の会長さんのような風情《ふぜい》である。

行き先は、千葉か、埼玉か、はたまた横浜か、と期待が高まる。

接待していたであろう側のスーツ姿の男性がタクシーチケットを渡しながら、「千葉の八千代のご自宅までお願いします」と言う。

頭の中でおおよその料金を試算する。浅草から八千代なら、間違いなく万収*は確実だ。

**私が取ることができた**
無線を取れただけでもラッキーだった。この当時、会社は次々に中小のタクシー会社を吸収してグループ会社としていた。そのためタクシーの台数が大幅に増えて、会社内でも競争が激しくなっていた。実際このとき手配された5台のうち4台はグループ会社のクルマだった。

**万収**
1万円を超えた営業収入。夜のお客に多かった。

その日、営収はまだ3万円足らずだったが、ここで1万円上乗せできれば、帰庫までに5万円も狙える。心の中でガッツポーズが出た。品のよさそうな男性で、トラブルもないだろう。いい仕事になりそうだ。丁寧にあいさつをして、気持ちよく走り出す。

走り出してすぐ老紳士がこうつぶやいた。

「そこの都営浅草駅につけてくれればいいから」

えっ!?

思わず声が出そうになった。

そんなバカな。それでは私の目論見《もくろみ》が瓦解してしまう。

なんとかならないか、私は必死の説得に入った。

「さきほど会社の方から、大切なお客さまなので、安全・確実にご自宅までお送りするように言われていまして。そうしないとあとで『どうしてご自宅までお送りしなかったのか』と叱られてしまうこともありますから……」

「いやいや、構わんよ。大丈夫だからそこに停めちゃって」

こう言われてしまったら、もうどうにもならない。

浅草駅前に停めて、手持ちのチケットを返し、メーター料金を現金でいただいた。

迎車料金４００円、メーター料金７３０円（当時）の合計１１３０円。期待が天井まで高まっていたせいで、まったくトホホな結末であった。

## 某月某日　祈らずにはいられない：さまざまなお客

無線で呼ばれて両国に行く。

お客らしき30歳前後と思われる女性が立っている。１歳になるかならないかの幼子を抱えている。

お乗せすると行き先は江東区の南砂だという。

女性は車内で、その子の動作、顔の表情、しぐさに反応しながら「ああそうなのね、よくわかるのね。えらいね、そーだよねー」と話しかけ続けていた。ひと言ひと言に母親の慈愛が感じられる響きだった。

幼子のほうは泣くでもなく、声を出すのでもなく、ずっとおとなしくしていた。到着した場所は小児科専門病院だった。支払い時に子どもの鼻にチューブが入れられていたことに気づく。

男の子か女の子かもわからず、その子の症状がなんなのかも私にはわからない。タクシードライバーはただお客を数十分のあいだお乗せするだけの存在である。できることなど何もない。

それでもお客が無事であるように、健康であるように、幸せであるように、と祈らずにはいられない*こともあるのだ。

降りてその子をかかえて歩き出す母親の後ろ姿に、どうか回復しますようにと頭を下げて祈った。

夕暮れどき、無線で呼ばれた場所・上野の鈴本演芸場前に到着すると、2人の高齢者が待っていた。

名前を確認するため、降りて近づくと2人とも盲目の人だということがわかった。杖も持っていなかったのでそばに行くまでそうとはわからなかった。おそら

**祈らずにはいられない**
真冬の雪の中、深夜3時、若い女性が一人で工事現場のクルマの誘導をしている。信号で彼女のそばに停まったので、お客からもらったばかりの熱い缶コーヒーを差し出した。顔半分をマフラーで覆った彼女は軽く会釈して受け取ってくれた。

く夫婦なのだろう。

それまでに一度だけ盲導犬を連れたお客を乗せたことはあった。無線で指定場所に行くと、白杖を持つ人と犬が一緒に寄り添って待っていた。声をかけ、後部ドアまで誘導し、視覚障害者の空いているほうの手を、車の屋根に触れさせ、車高を確認をしてもらって車内に乗り込んでもらう。するとそれに続いて盲導犬が飛び乗り、ちょこんと足元に臥せ、静かにしていた。従順にしっかりエスコートしている様子は執事のように見えた。

さて、上野鈴本前の夫婦は迎えに来てくれたことに丁寧に礼を言い、クルマに乗り込んだ。小松川まで行ってほしいと頼まれた。

「やっぱり柳家小さん*はいいですね」

おばあさんのほうがおじいさんに語りかけた。

「話し方が江戸弁で飾らず、わかりやすくてよかったねえ」

おじいさんもそう返事をして、本日の演目についていろいろ語り合っていた。

話しぶりからして、２人一緒にずいぶんとたくさん落語を聴きに行っている様子だった。

**柳家小さん**
5代目。落語家初の重要無形文化財（人間国宝）。2002年2月の「親子三人会」が生前最後の高座とのことなので、これは私がタクシードライバーになって1、2年目の出来事。

指定された目的地の近くに来たので、走っている場所の風景を伝えた。そのあたりの情景はすべて頭に入っているのかもしれない。慣れた様子で指示してくれた。

「そこの3番目の電柱で降ろしてください」

ともに降り、手に手をとり合って歩いていく姿からは、仲睦まじく2人で人生を謳歌しているのが伝わってきた。

家業が倒産した折、私は形式上、妻と離婚した。29歳のとき、2つ年下の妻と一緒になり、20年におよぶ結婚生活はまずまず良好だったと自分では思っている。借金問題が妻にも累を及ぼすことを避けるための離婚であったが、会社の清算が決着しても、再び妻と一緒になろうというパワーはなかったし、ともに暮らすこともなかった。妻も私もひとりで生きることを選んだ。

ひとり息子が年に一度、われわれを誘って旅行に連れて行ってくれた。顔を合わすのはそのときだけだ。

「息子に迷惑をかけるようなことだけはないようにしよう」私たちはいつもそう話し合った。

手に手をとり合って歩いていく老夫婦の後ろ姿に、理想の夫婦像を見た気がした。

自分も妻とずっと一緒に暮らしていたら、あんな夫婦になれただろうかと考えていた。

## 某月某日　スカウト：老紳士の、ある提案

２００８年９月に起きたリーマンショック*は世の中を一変させた。

夜の街から人が消えた。いたとしてもタクシーになど乗らず、早足で駅に向かう人ばかりになった。会社の接待費の削減はタクシー業界を直撃する。当たりのチケット客もいなくなった。

２、３年後は少しもち直したが、私が始めた２０００年ごろの水準まで戻ることはついになかった。

２０１１年になってすぐ神田駅でお客を拾った。田端《たばた》まで行ってほしいと言う。

**リーマンショック**
ニュースで知ったときは、金融関連だけの問題だろうとタカをくくっていた。ところが、その後、株の急落などであらゆるところに影響が及んだ。こうしたとき、真っ先に影響

スーツを着た60前後の男性だった。ここからなら2000円強になるだろうと頭の中で試算する。

乗車して少しのあいだ、雑談をしていた。

するとその男性は突然、

「あなた、このままタクシー運転手を続けるつもり？　よければ私のところに来ないか？」

と言い出した。

それにしても会ってまだ10分ほどしか経っていない。私の接客態度*を評価してもらうのは嬉しいが、突然そんな話を持ちかけるなんてタクシードライバーという職業が見下されているような気がしないでもない。

たとえば、男性は新幹線の車掌の接客がよかったからといってスカウトを持ちかけるだろうか。まずしないであろう。タクシードライバーなら、話に乗るものだと思われているのだ。

角を立てないように丁重にお断りした。

「これ、私の名刺。とりあえず取っておいてよ。なんかあったら電話してきて」


を受けるのもタクシー業界である。

**私の接客態度**
営業収入も都内の地理もとりたてて自慢できるもののない私だが、接客態度だけは誇ることができる。最高のサービスはやはり接客ではないだろうか。

そう言って、会計時に名刺を渡された。

そこには建設業者と思わしき会社名が記されていた。名前の脇に「代表取締役社長」という肩書きがある。

道で拾ったタクシーのドライバーを誘うなんて、よほど人材に困っているのであろうか。ますますそんな怪しげな会社に転職する気にはなれなかった。

同じように誘われた同僚も何人かいた。

島村さんは芸能プロの社長を名乗る人物からスカウトされたという。

「そいつが言うには『タクシードライバーをやっているなんてもったいない、ぜひうちの会社に来て、私の右腕になってくれ』だってよ。タクシードライバーをバカにするんじゃねえって。興味ありませんってすぐ断ってやったよ」

休憩所で缶コーヒーを飲みながら、島村さんはそういって憤慨した。

「これが、そいつが置いていった名刺」

といって彼が見せてくれた名刺には、これまた怪しげな、聞いたこともない芸能プロダクション風の名称が記載されていた。

「今までの仕事が嫌でタクシー業界に転職したんだから、この年齢でまた変える気はないよ。内田さんだってそうでしょう」

大きくうなずいた私だったが、島村さんには隠したものの恥ずかしながらスカウトに心が揺れた経験が一度だけある。

2009年春、午前11時ごろ、浅草橋駅前から乗ってきたお客だった。

この人は見るからに仕立てのよいジャケットを着ていた。高齢で80をすぎていると思われたが、豊かな白髪をきれいに整え、手入れの行き届いた髭をたくわえていた。

15分ほど話をしていたら、老紳士は、

「仕事で、浅草橋と目白を週に4〜5回往復している。朝行って、夕方帰ってくるだけでいい。それに日中、1〜2カ所移動がある。それ以外は待機していてくれればいい。私の専用の運転手になってくれないか?」

と切り出された。

私は尋ねた。

「失礼ですが、それは会社に雇用されるということですか?」

「そうだ。私が経営している会社が君を雇用する。だが、仕事は私の送り迎えだけでいい。給料も今、君がもらっている額より間違いなく多く出す*」

いやに具体的で、給料の話まで出てきた。

悪い人ではなさそうだし、話もウソではないようだ。

リーマンショックによってそれまでの収入が２〜３割落ちていた時期だった。朝と夕方と日中に送迎するだけで今以上の給料が約束されるのなら、正直悪い話ではない。

このときは心が揺れ動いた。

しかし、その方の年齢や安定性などを考慮して、この話は断った。

それから数年のあいだ、仕事中に嫌な出来事が起こると、あの老人の専属ドライバーになっていたらどうだったろうか、などと現実逃避のような妄想を膨らませていたのだった。

**間違いなく多く出す**
給料を聞かれたわけでもないのに、こう断言した。私が月１００万円を稼ぐ超有能ドライバーだったらどうしたのか。まあ、そんなわけはないと一見で見切ったのだろうが。

## 某月某日　小さな常連客：世間知らずのお坊っちゃん

朝8時、目黒の高級住宅街の中にある、ひときわ目立つ豪華マンションの前で私は無線客を待っていた。

私の前には、私と同じく無線で呼ばれたのであろう別会社のタクシーが停まっていて、ドライバーは車外でお客を待っていた。

雨が降っていたこともあり、私のほうはお客が見えたらすぐに出ていけば間に合うと思い、車内で様子を見ていた。

すると小学生と思われる男の子が携帯電話を耳に当てながらエントランスを出てきた。

待機していたタクシードライバーが会釈をして後部座席のドアを開け、男の子はそれに見向きもせずにクルマに乗り込んだ。タクシードライバーも小学生も、ともにずいぶんと慣れた様子だった。まるで会社の重役かのような態度だったので、私は驚いた。

小学校3、4年生だろうと思われる彼は、平日なのにランドセルなど持っていなかった。

クルマはそのまま走り去った。

賢そうな顔つきだったが、そのタクシードライバーへの態度を見て、なんともいえない気持ちになった。彼にとってはこれが当たり前なのだろうか。

2008年、世間では六本木ヒルズ族*といわれた若者たちが大手をふっていた。

当時六本木付近で乗車する、IT関連と思われるビジネスマンには、ドライバーをアゴでつかう人も多かった。20、30代と思われる彼らは、ずっと年長のドライバーに対しても手下のような態度で接した。

当時、私も「銀座まで行って」と言われ、走り出すと「返事は?」と言われたことがある。返事はしたつもりだったので、「さきほど『はい』と言いましたが」と言うと、「聞こえねえよ。大きな声で言えよ」と怒鳴られた。もちろんそうでないお客もいたが、ヒルズ族は全般的にドライバーにとっては鼻つまみ客だった。

人間は誰しも周囲のやり方に影響を受ける。同僚がタクシードライバーを邪険

**六本木ヒルズ族**
2000年代、六本木ヒルズ森タワーに本社を置くベンチャー企業や投資ファンドなどで働く人たちや、またその住居棟の住人たちがこう称されていた。

に扱っていれば、気づかぬうちに自分もそうするようになる。朱に交われば赤くなるのだ。

目黒で目にした小学生が私のお客だったらと考えた。もちろん、通常どおり、丁寧に接して目的地に送り届けるだろう。

しかし、なんらかのわだかまりは抱えるかもしれない。次に依頼があっても断っただろう。

彼がこうしたことを当たり前と勘違いしてしまうのは仕方ない。でも、それを教えるのが親の務めではないだろうか。

あれから10年以上がすぎた。大人になった彼は、車外で傘をさして待つ者の気持ちのわかる人になったであろうか。あのときの光景を思い出し、自分は世間知らずのお坊っちゃん*だったなと思い返す人間になっていてほしい。

## 某月某日　化かしあい：特別地区・銀座

**世間知らずのお坊っちゃん**
私の研修中、ある教官がしてくれた話が印象に残っている。教官が子どものころ、父親と一緒にタクシーに乗り、降りるとき「釣りはいらない」

銀座は日本でもめずらしい特別地区*で、区域と時間によって指定の場所以外ではお客を乗せることができない。

同僚の中には、銀座のお客は長距離の紳士が多いからと好んでいる人もいた。私はその複雑なルールがあいまいだったので近づかないようにしていた。でも、よその場所で乗せたお客から「銀座並木通り」と言われれば行くしかない。

このあたりはタクシーセンター*の係員による巡回が頻繁に行なわれていた。万一、指定場所以外でお客を乗せているのが見つかれば、乗務停止処分や、2日に及ぶ研修を受けなければならなくなる。

銀座でお客を降ろすと、私はすぐ表示板を「回送」に切り替え、ドアもロックして逃げるようにその場から移動していた。

某大学の学長を乗せて、赤坂、銀座と丸々一日同行したことがある。

夜9時すぎに銀座のあるクラブ前で降りると、「戻ってくるまで待っていて」と言う。しかし、夜の銀座に路上駐車で待機する場所などない。以

の言葉にドライバーがとても喜んだという。それを見た教官は中学生のとき、ドライバーが喜ぶだろうと同じようにした。すると、ドライバーに「ぼく、そのお金は君が働いたお金じゃないでしょう。そういうことをするのは働いて稼げるようになってからだよ」と諭された。教官はドライバーの言葉に感銘してこの道に入ったのだという。

**特別地区**
銀座では、5丁目から8丁目にかけての一部の地区において、土日・祝日・休日を除く日の午後10時から翌午前1時まで、タクシー乗り場以外でのタクシー乗車が禁止されている。

**タクシーセンター**
東京のタクシーの登録、指導、研修などを行なっている公益財団法人。

どうしようかと困っていると、学長は「ひと回りして、5分ほどしたらまたここに戻ってきてくれればいい」と言う。

　言われたとおりグルッとひと回りして戻ってくると、ポーターと言われる駐車管理人によって、公道にもかかわらず、私のためのスペースが確保されていた。公道なのにこのような暗黙のルールがあるのも銀座ならではのことであり、学長はそのルールを使えるほどの常連客なのであろう。


男性が私のタクシーに手をあげた。銀座の外れ、乗車禁止地区内ではない京橋付近でもあり「空車」で走っていた。60代で頭髪はかなり薄くなっていたが、恰幅の良い紳士だった。

　彼自身は乗らず、タクシーチケットを手渡してきた。

「これで彼女たちを送ってやって」

そう言うと、後ろに控えていたホステス風の3人の女性に、

「おう、俺がタクシーを見つけてやったぞ」

と大声で呼びかけた。


前は「東京タクシー近代化センター」と呼ばれていた。ここにお客からのクレームが寄せられると、クレーム主の氏名、住所などを確認した上で申し出が事実と認められれば、ドライバーと所属会社の運転管理者が雁首揃えての出頭を命じられる。接客への苦情以外にも、乗車拒否、メーター不正使用、迂回（遠回り）なども対象になる。

ホステスたちはその紳士に「おかげでタクシーで帰れます。ありがとうございました」と口々に礼を言いながらクルマに乗り込んできた。

クルマが走り出すと、上機嫌で外で手を振る紳士に、にこやかに手を振り返しながら、

「あのハゲ、また触ってきたね」

「あいつ、いっつもそうだから」

さっきとは打って変わった口調で言い合っていた。彼女たちには私の存在など眼中にないのであろう。お客の悪口合戦はそれぞれの家に着くまで延々と続いた。

銀座での仕事はそれほど多くなかったが、こうしたキツネとタヌキの化かしあい*を見られるのも、この地の醍醐味だった。

## 某月某日　奴のウソっぱち：庶民の味方の正体

班長のひとり、50代で痩身に丸メガネをかけた篠崎さんは誠実な人柄で私も尊

**キツネとタヌキの化かしあい**
品川から銀座までの男性客。「運転手さん、クラブの女の子がね、『今日はあなたのために着物を来てきました。きっと来てくださいね』だって。俺じゃなくて、俺の財布を待っているんだよ」

敬していた。

あるとき、その篠崎さんが私に「客の中で一人どうしても許せない奴がいましてね」と話しかけてきた。ふだんの篠崎さんは紳士然として人物で、お客ばかりか同僚の悪口を話すのを聞いたこともない。

彼がそこまで言うのならよほどのことがあったのだろうと、興味津々でその話の先を聞いた。

「奴」とは有名な女性コメンテーター*だった。

篠崎さんは無線で呼ばれ、「奴」の住むマンションに行った。都心の大規模なタワーマンションだったという。

そこで彼女を乗せて目的地に向かう。タワーマンションの地下駐車場は広く、複雑なところが多い。篠崎さんは出口がわからず、彼女に「出口はどこでしょう?」と尋ねた。

「そんなこと私が知っているわけないでしょう!」

彼女は突然、大きな声で怒鳴りつけた。

行き先は横浜市青葉区にある緑山スタジオだった。

**有名な女性コメンテーター**
現在も朝のワイドショー番組にコメンテーターとして出演している。それまでは、いいコメントするなと好感を持って観ていたが、この話を聞いてから印象がまったく変わってしまった。

目的地付近に着き、念のため篠崎さんが「あの建物でしょうか？」と問うと、「初めてなんだから、私にわかるわけないでしょう！」

また大声で怒鳴られた。篠崎さんのクルマに乗っているあいだ、彼女が発したのはその二言だけだったという。

篠崎さんは20年以上この仕事をしているが、酔客でもない客から、自分のミスでもないのに一方的に怒号を浴びせられたことなどないと悔しがっていた。まるで奴隷か下僕にでも対するような言い方だったらしい。

そんな「奴」がふだんは庶民の味方のような顔をしてテレビに出演している。タクシーという密室がそうさせるのか、ふだんなら絶対に見せないであろう顔をのぞかせることがある。それが彼女の本性なのかどうか。

それ以来、篠崎さんは「奴」が出てくるとテレビのチャンネルを替えるようになったという。

テレビに出ている人*がみなこのような仮面をかぶっているわけではないだろうが、私もこの話を聞いてから、テレビで彼女を見ると「あなたの美辞麗句はウソっぱちばかりで、どんなに偉そうなことを言っても説得力はないよ」と思うよ

**テレビに出ている人**
有名人も何人か乗せたが、サインを求めるなどは当然ご法度。しかし、乗車した女優の大ファンで我慢できずサインをお願いしたという同僚がいた。その場では素直に応じてくれたが、後日会社にクレームが入り、彼は厳しく注意された。

うになった。

## 某月某日　ドラマ出演……10時間待って10分の仕事

テレビといえば、私もドラマに出演*したことがある。

エラソーにドラマに出演といっても、出演するのはクルマだけで私は映らない。ある女優をクルマに乗せるだけのドライバー役である。

どういうわけか、たまたま私が会社から指名された*。

会社から指示されたのは、撮影日当日、朝9時に江東区の夢の島公園で待機というだけであった。

私は指示どおり、9時少し前に現地に到着して、その場にいた関係者にあいさつをした。「ここで待っていてください」と言われたきり、何時間もそのままだった。そこからは撮影現場も見えない。いつ呼ばれるかわからないので、タクシーを離れるわけにもいかない。

**ドラマに出演**
テレビドラマに「前のクルマを追え」というシーンがある。「前のバスを追え」と乗り込んできたお客がいた。「あのバス、俺が待っているのに無視して通りすぎやがった」と怒っていた。そのバスに追いつくと1000円札を置いて「ちょっと待ってろ」と、停車しているバスに向かって勢いよく飛び出していった。お客の風体から面倒になると思い、待たずに逃げ

昼すぎにＡＤと思われる若者が弁当を届けてくれた。スタッフ用のものなのだろうか、いつも私が食べる弁当よりも少しだけぜいたくな仕出し弁当だった。弁当を食べ終わると、またすることがない。

いつお呼びがかかるか、またどんなことをすればいいのか、なんの説明もないまま、不安な思いでひたすら待った。

無為に時間がすぎていくのを待つのはむなしい。こんなことなら文庫本でも持ってくればよかった。

日が傾いてきたころ、ようやく撮影スタッフの集団がやってきて、あわただしくセッティングが始まった。

リハーサルで主演女優が乗り込んでくる。私は運転席でドアを開け、無言でそれを迎える役のようだ。

女優はタクシーに乗り込むと、「やだぁ、このタクシー、エアコン入ってるじゃない」と言って、すぐに降りてしまった。

真夏だったこともあり、外から来るのは暑かろうと思い、設定温度は低めにしてあった。若いスタッフが飛んできた。

去った。

**会社から指名された**　この仕事を私に指示したのが事務職員の山田さんだった。日頃から気にかけてくれていると感じていたので快諾した。タクシードライバーにこのように思わせるのは、彼が「できる事務職員」だからであろう。

「運転手さん、すみませんけど、すぐエアコン切ってください。撮影終わるまでエアコンつけないでいてもらえますか」

女優に冷房はいけないものなのだろうか。

そのドラマのスポンサーが、ある自動車メーカーだということで、私の乗務しているクルマのロゴマークが黒いテープで覆い隠された。その作業を車内で待つ。エアコンの切れた車内はまたたくまに気温が上昇し、汗が噴き出してくる。

いよいよ本番となる。

車内に再びその女優が乗り込んだ。ここで私が外に出て、いつもどおり黒タク基準のドアサービス*をしたら怒られるだろうななどと余計なことを考えた。彼女が降りたあと、タクシーが走り去っていくシーンが撮影された。

一発OKだった。撮影はこの一回だけで無事に終了した。10時間待って10分ほどの仕事だった。

会社がどのような契約をしたか知るよしもないが、通常の日当*を得た。実質10分だけで1日分の日当なので割のいい仕事といえなくもないが、ふだんの乗務のほうが充実感があった。

**黒タク基準のドアサービス**
後部座席のドアをドライバーが外に出て開けるドアサービスを行なっていた。ただこのサービスは急ぎのお客などには不評だった。

**通常の日当**
3万円が営収として計上されていた。

この撮影は私が帰った後も夜遅くまで続いていたらしい。何人もの若者たちがやぶ蚊の中で夜中まで働く姿は好きでなければできない仕事だと思った。

それにしてもスタッフたちの主演女優とスポンサーへの気づかいは半端ではなかった。どこの世界にもその世界なりの気苦労があるのだろう。

後日、社報に「ついに黒タク、テレビドラマ初出演！」の文字が私の名前と写真付きで載った。

しばらくのあいだ、それを見た同僚から「いい仕事したらしいね」とからかわれた。

# 第3章 警察なんて大嫌い

## 某月某日　**違反切符**：ニコニコ顔の警察官

上野から世田谷までのお客を乗せた。その日の営収はめずらしく5万円を大きく超えていた。深夜0時、これで仕事を切り上げて帰庫しようと思ったときだった。複雑な道路標識に戸惑いながら右折したとき、出合い頭にパトカーと対面した。

好事魔多し。どうやら右折禁止の場所だったらしい。パトカーから警官が降りてきた。

「運転手さん、見ちゃったから仕方ないよね」

ニコニコしながら*違反切符を切られた。

警察官は私のクルマの足立ナンバーを見ながら、

「ここ（世田谷）までなら、結構いい稼ぎになったでしょう」

と言った。

**ニコニコしながら**　今日は点数稼ぎができたというような、じつに良い笑顔だった。タクシードライバーだけでなく、警察官もノルマに追われ

「でもこの反則金でただ働きですよ」私はそう答えた。

こうした場合の罰金は全額、ドライバーの自己負担となる。通行禁止違反で２点減点、反則金は７０００円だったから、まさにここまでのお客一人分の稼ぎが吹き飛んだ。

「でも、違反は違反*だから仕方ないですよね。タクシー運転手さんはプロなんだから、みんなの模範になるような運転をしていただかないと」

まだニコニコ顔の警察官が違反切符を用意しながら言った。

「でも、こんな標識、足立区にはありませんよ」

皮肉混じりのジョークのつもりだった。

「いいえ、全国にあります」

真に受けたのか、ニコニコ顔の消えた警察官が真剣にそう答えた。

タクシーが取り締まりの目の敵にされていた時期がある。

とくに佃《つくだ》大橋*のねずみとりはドライバー仲間のあいだでは有名だった。

だから、その場に近づくとタクシーはいっせいに減速する。お客は不思議そうているのかもしれない。

**違反は違反**
スピード違反、一時停止違反、一方通行逆走など、違反もたくさんした。一日中走り回っているのだから仕方ないといえば仕方ない。ただこれは多くのドライバーにとって、そこに警察官がいるかいないか、運が良いか悪いか、だけの問題だろう。

**佃大橋**
東京都道４７３号新富晴海線を通す橋で隅田川にかかる。１９６４年の東京オリンピック開催に備え、戦後初めて隅田川に架けられた橋。

な顔をしていた。タクシードライバーなら知らない人間はいないくらい有名だったから、警察もそのことは把握していただろうに、その後もしばらくその地でねずみとりが行なわれていた。

交通違反は会社に報告しなければならない。

初めての違反で切符を切られ、それを会社に報告したときのこと。事務職員は真っ先に「何色？」と言った。「一時停止違反の青です」と告げると、事務職員は安心したように「それならいい*」と言った。

夜中に高速埼玉大宮線で実車中、うっかり覆面パトカーを追い抜いてしまったことがある。

標識は時速80キロとなっている。でも80キロで走るタクシーなどない。

規定どおりに走っていたら、次々に追い越され、間違いなくお客からクレームがくる。お客は一般車に抜かれるのを嫌がる。タクシードライバーだって同じ思いだ。

なので、当たり前のように追い越し車線に移って100キロ以上の速度で走っ

**それならいい**
青切符は「交通反則告知書・免許証保管証」、赤切符は「告知票・免許証保管証」が正式名称。交通反則告知書は青い紙なので「青切符」と呼ばれ、比較的軽い違反に交付される。後者は赤い紙なので「赤切符」と呼ばれ、比較的重い違反に交付される。

た。タクシーは空車で１００キロを超えた速度で走ると警告音が鳴るようになっている。でも、実車中は鳴らないのだ。

グレーのクラウンを抜き去った際、クルマのドライバーと目が合った。ドライバーはニヤリと笑ったように見えた。嫌な予感がした。

もしかしたら、と思い、とっさに左の走行車線に寄ろうとしても別のクルマがいて入れない。

するとすぐに急に速度をあげたクラウンが私の前に入り込んだ。案の定、覆面パトカーだった。

同時に赤色灯が焚かれ、マイクで「左に寄ってください」と言われた。クラウンのバックガラスには「左によってください」と表示される。これでもう気がつかなかったとの言い訳も通用しない。

クルマを停車させ、「すみません。覆面パトカーに捕まりました」とお客に謝る。メーターを止め、警察官の指示に従い、クルマから降りる。

お客は車内に残したまま、パトカー内で違反行為についての手続きをする。お客を乗せていて違反切符を切られたのは初めてだった。

手続きを済ませて、走ってクルマに戻る。とくに急いでいるようには見えなかったが、20分はロスしているわけで、お客にもすぐお詫びする。

「俺はいいよ。それにしても運転手さんついてねえな」

50代の男性客はそう言って同情してくれた。お客の言葉に少し安堵する。

そこからメーターを空車に切り変えた。お客を乗せているときに「空車」で走ることは本来であれば規則違反だ。

しかし、迷惑をかけてしまった以上、お代をいただくわけにはいかなかった。

これで、タダ働きだ。クラウンに乗っていた警察官のニヤリという笑みが頭をかすめ、アクセルを思いきり踏み込みたくなった。

## 某月某日 ソープランド：人生悟った如来さま

この仕事は風俗業とのつながりも深い。私のテリトリーではやはり吉原関係者が多かった。

吉原ソープ街のある台東区千束の最寄りの駅は鶯谷*か浅草か三ノ輪で、そこからのアクセスはタクシーしか交通手段がない。

私が入社する前のバブル期には、タクシーがお客を乗せて吉原に到着すると、クルマのまわりを数人の客引きが取り囲んだという。店が我先にとお客の奪い合いをするのだ。時には客引きがボンネットに這いつくばって、乗せてきたお客を奪い取ったという。

しかし、こうした行為をお客が怖がったため、ソープランド業界も店頭での呼び込みのみに切り替え、安全・安心の街をアピールするようになった。だから、私のころにはこうした過激なお客の奪い合いはすっかり姿を消していた。

吉原行きのお客は、行き先を告げる際、照れ臭そうに笑っていたり、その逆に憮然としていたりと、こんなところにもその人ならではのキャラクターがにじみ出たりする。

たまにお客から「運転手さん、いい店知っている？」と聞かれることがあった。同僚の中には、店とつながっていて、乗せたお客を自然にその店に案内して、紹介した店からキックバックをもらっている人がいた。

**鶯谷**
都内にはもうひとつ「鶯谷」という町名がある。渋谷区の南西部にある「鶯谷町（うぐいすだにちょう）」がそれだ。「ウグイスダニ方面」とだけ言って、上野の隣の鶯谷に行くと、場所が違うと因縁をつけて金品を要求するケースがあり、事務職員に注意を促された。

反対に吉原から最寄り駅までのお客を乗せることもよくあった。吉原から上機嫌で乗り込んできたお客だった。

「今、店を出ようとしたら、マネージャー*から、『女の子、ちゃんとマット洗いしましたか？　テクニックはどうでしたか？』だってよ。しっかりリサーチしているんだね」

私は思わず、「なんて答えたんですか」と聞いてしまった。

「運転手さん、野暮なこと聞いちゃダメ。それが武士の情けだよ。ハハハ」

武士の情け？　それってこういうときに使う言葉なのだろうか。

それにしても、ひと仕事終えてきた男性はあくまで上機嫌なのであった。

ソープ嬢もたくさん乗せた。吉原までの道中、気さくにあれこれ話をしてくれた女の子も*多い。

20歳そこそこで小柄な、まだ幼さの残った女性だった。

「あのね、お客さんの中に80歳くらいのおじいちゃんがいるの。アレは全然できないんだけど、ずっと私の体をなめたり、触わったりして、それがすごく楽しい

**マネージャー**
マネージャーと思われる男性が、運転者証を確認して、メモを取っていた。わけを聞くと、タクシードライバーの中に、店の女の子に対してセクハラ的な言葉を投げかけるものがいるのだと怒っていた。こうした一部のドライバーがタクシー業界全体のイメージを悪くしているのはたいへん残念な話である。

**あれこれ話をしてくれた女の子**
ある日、吉原まで乗せた女の子に「運転手さんに娘がいたとして、その子が風俗で働いていたら、

んだって。くすぐったくてしょうがないけど、すごくラクだし、毎月来てくれる常連さんだからいいの」

　私は相手がいくつであろうと、丁寧なしゃべりだけは心がけていた。タメ口など絶対にＮＧだった。

「ああ、そんなご高齢の方も来るんですねえ。きっとお客さまのファンなんでしょう」

「あとね、先週、自分のカバンから女性の下着を出して、それを着てくれっていう人もいたわ。とても人前じゃ着れない、マイクロ下着とスケスケ下着。穿《は》いた姿を見たいんだって。もちろん嫌な顔しないで着たわ。指名客は大切だから」

　タクシードライバーと同じく、彼女たちもプロの接客業、お客の期待に応えるのが仕事なのである。

「でもさあ、やたら威張っている奴もいるよね。金を払ってんだからって、ああしろこうしろと命令ばっかりしてくる奴。ムカつく。でもプロだから顔には出さないの。帰ってから、二度と来るなバカ、って舌を出してやんの」

　まったく同感だった。

どう思います？」と聞かれた。「一般的には、親ならふつうの仕事をしてほしいというのが本音でしょう。でも本人が浮ついた考えではなく、しっかりと考えてのことなら尊重します」と差しさわりないように答えた。彼女は「そうですよね…」と思案していた。結局、彼女は親に打ち明けたのだろうか。

ストレス発散なのか、走行中ずっと話している彼女だが、不思議と悲壮感はない。「趣味と実益を兼ねて」という言葉があるが、もしかして彼女もそうなのではないか。そう思った私は、こんなことを言ってしまった。

「でもお客さま、その仕事、楽しんでやっている感じですね」

言ってから、マズかったかなと思った。当然、彼女の仕事はラクなことばかりではないだろう。なんだかさもラクそうですね、と聞こえてしまわなかったかと心配したのだ。

「ああ、そう、わかる？　そうかもね。性格もあるけど、なんでも楽しんじゃったほうがいいでしょう。短い人生なんだから」

60をすぎた私が言うならわかるが、まだ20歳そこそこの女の子の言葉とは思えなかった。この如来さま、もう人生を悟ってしまわれたのだろうか。

彼女は吉原のお店の前に到着すると、料金を支払い、クルマから降りると、私のほうにお尻を向けてスカートをペロッとめくりあげた。

「サービス！」

そう一言だけ言い残すと、お店に消えていった。

こんなに性格が明るくて茶目っ気のある彼女なら、癒やされるためにくる指名客はきっと多いことだろうな。

彼女だけでなく、吉原への行き帰りに乗せた女性たち*の生の声はリアリティーと迫力にあふれ、私はその話を聞くのがとても好きだった。

## 某月某日 クレーマー：ベテラン職員の解決法

深夜に帰庫すると、事務所*の雰囲気がいつもと違う。

それとなく知りあいの事務職員に聞くと、ちょうど今、別室で夜勤の田尻さんがクレーマー対応にあたっているのだという。

事務職員が声をひそめて教えてくれたのは、その日、交通トラブルがあり、相手の男がタクシーを付け回した挙句、営業所まで文句を言いに乗り込んできたのだという。

会社には事故の際に専門的に処理をする「事故係」はあるが、クレーマー対応

**行き帰りに乗せた女性たち**
吉原関連の女性でヘンなお客に当たったことはない。やはり究極のサービス業だからだろうか。

**事務所**
元ドライバーで年齢でリタイアした人たちがパート勤務で夜の電話番をしていた。夜８時から翌朝９時まで、正社員は仮眠していることが多く、基本的には彼らパートさんたちが電話対応にあたっていた。

を専門に請け負う係はなかった。基本的には事務職*のベテラン社員が対応していた。

正当なものから意味不明なものまで、電話による苦情はよくある。「接客態度が悪かった」とか「わざと遠回りされた」というようなものから、「5人で乗せてほしかったのにドライバーに断られた」といったものまで多種多様である。しかし、こんな夜中に会社まで直接文句を言いに押しかけてきた人は初めて見た。

何を言っているかまでは聞こえてこないが、その部屋からはときおり怒鳴り声が外にまで漏れてくる。相当な剣幕らしい。

田尻さんは事務職だが、数年前までタクシードライバーだった。大柄で強面であり、それを見込まれてクレーマー対応に当たることが多かった。

見た目は怖い田尻さんだが、シャレのわかる人でいつもドライバーの身になって接してくれていた。私など営収が悪いとき、「こんな日もあるよ、内田さん。次にがんばればいいよ」とねぎらいの言葉をかけてくれた。

タクシーに乗車していても、ドライバーに苦情を言う人は多い。言われて仕方

**事務職**
ドライバーから事務職への異動は、本人の意思があり、会社に認められれば可能。ドライバーは営収次第で月収も乱高下するが、事務職なら収入は安定する。定時の出退勤もできるので、ドライバーの中には積極的に事務職員になりたがる人もいた。私はパソコンにも疎く、事務処理に向いているとも思わなかったため、その意思もなかった。

ないと思うこともあるが、意味のわからないクレームも多いのだ。

なかにはクレームをつけたくてクレームをつけてくる人がいる。こういう人は苦情を言うこと自体が目的なのだから、どうにもならない。

クレームを言われたドライバーを先に帰宅させ、田尻さんはひとりでそのクレーマーと向き合っていた。

15分ほどすると、クレーマーは最後っ屁のような悪態をつきながらも帰っていった。

私は田尻さんに「どのように解決したんですか」と聞いた。

「人は熱くなるときもあるが、時が経てば元に戻るんだよ。ずうっと怒っていることなんてできないんだから。相手の言い分を黙って聞き、しゃべり終わるまで反論しない。今回だって、相手の言い分をうんうんと聞いていただけだよ」とほほえんだ。

クレーム対応のお手本で、彼の貫禄勝ち*だった。

**貫禄勝ち**
ベテランドライバーの話によると、田尻さんはドライバー時代の成績はまったく振るわなかったのだという。人にはそれぞれ能力を生かせる場所があるということだろう。

某月某日　**居眠り運転**：心配性なお客

この仕事で一番気をつけなければならないのは居眠り運転だ。

ある夜、高速道路を走行中、私の前のタクシーが右に左にと車線をまたいで大きく揺れている。その様子を見た後部座席のお客から「あれは居眠り運転だろう。運転手さん、絶対近づかないで」と言われた。あのクルマに乗っているお客はどんな気持ちだったのだろうか。

私の場合、多くは深夜0時すぎに睡魔が襲ってきた。十数時間も連続して乗っていれば、眠くなるのも無理はない。

とはいえ、初めて行く場所や、よく知らない場所では緊張しているためか眠気を感じることはほとんどない。目をつぶっても走れそうな慣れた道、勝手知ったる地域での運転がアブナイ。

お客が乗っていないのであれば、外へ出て身体を動かし、深呼吸する。まだ眠ければ車内で仮眠すればいい。

実車中の眠気覚ましは、自らの太ももをつねることだった。時にあざが残るぐらいの強さでつねることもあった。眠気に襲われて、自分の太ももをつねりながら運転しているとき、後部座席でスヤスヤと眠っているお客が恨めしかった。

深夜、北千住で乗せた高齢の女性だった。

「運転手さん、今日、私は何番目のお客かしら？」

「運転手さん、今日の昼ごはんは何を食べました？」

彼女は目的地に着くまでのあいだ、絶え間なく私に話しかけ続けた。

「私の前のお客さんはどこからどこまで運んだの？」「出身地はどこですか？」

「お子さんはいるの？」「その子は今は何をしているの？」……。

ずいぶんといろんなことを尋ねる人だなあと思っていると、目的地に到着した際にこう言われた。

「深夜＊だから運転手さんが眠くなったらいけないと思って。心配でずっと話しかけていたのよ」

心配性なお客もいるものである。

**深夜**
夜、お客を乗せていないあいだ、深夜ラジオを聴き、時には「走れ！歌謡曲」（文化放送）にあわせて大声で歌った。若いころ、何も感じなかった歌が年齢とともに胸に迫った。都はるみの「涙の連絡船」は日本のソウルミュージックだ。また「ジェット・ストリーム」（JFN系列）の城達也のゆったりした語りにも癒された。

深夜、こちらの顔をじいっと見てから乗り込んできたお客がいた。

乗り込むなり、「眠そうな顔していないかと思ってね。居眠り運転されると困るでしょう」と言う。

「で、私の顔は大丈夫でしたか？」冗談めかして尋ねてみた。

「わからない。信じているから安全運転で行ってください」

行き先を聞くと、ワンメーターのコンビニだった。

ワンメーターじゃ居眠りする時間もありませんよ！

某月某日 **名演技**：「今日のところは見逃してください」

上野の東京都美術館から無線客の呼び出し。迎えに行くと、80代と思われる男性と、その付き添いの助手らしき女性が待っていた。どうやら男性はその美術館で作品が展示されている高名な書家らしい。

書家はクルマに乗り込んできたときから体調が悪い様子で、助手はなるべく急いで国立市の自宅まで行ってほしいという。

走り出して少しすると後部座席の男性は苦しそうなうなり声をあげ始め、心配した助手が「先生、大丈夫ですか」と声を上ずらせている。

助手にそう言われた私はスピードをあげ、信号の変わり目に少し強引に突っ込んだ。

「もう少し急げませんか＊」

ちょうどそのタイミングで、運悪く白バイ隊員に止められた。

窓越しに覗き込む白バイ隊員に、お客の状態を説明し、帰宅を優先させてもらえないかと確認する。

白バイ隊員はタクシー会社名を確認し、ナンバーを控えたうえで、お客を送り届けたあと、またこの場所に戻ってくるようにと指示した。

書家の男性を国立の自宅まで届けると、同乗していた助手の女性がこう言ってくれた。

「私も運転手さんと一緒に戻って、事情を説明します。私が急いでとお願いしましたし、信号も違反とまではいかないタイミングだったって弁護します」

**もう少し急げませんか**　逆に、特殊な病気だというお客から、時速30キロ以内での走行を頼まれたこともある。ずっとメーターを確認していて、少しでもオーバーすると注意された。夜の六本木通り、タクシーまみれの中を30キロで走るのはまさに苦行だった。

それには及ばないと断ったが、女性も責任感からか、どうしても同行したいというので一緒に来てもらった。

彼女も説明してくれたが、白バイ隊員は「信号は赤だった。自分はこの目で見た」の一点張りだった。

私はあきらめていた。しかし、女性のほうが一生懸命になっていた。「完全に赤にはなっていなかったと思います。私もこの目で見ました」となお抗議すると、彼女相手では埒が明かないと思ったのだろう、「反則金を払わないなら、どこにいても必ず見つけ出しますよ」と私に脅すように言った。

大の大人がこんな言葉を言われ情けなかった。結局、違反は覆らず、自腹で罰金を支払うことになったが、それでもこんなに真剣に私をサポートしてくれた女性の心意気が嬉しかった。

足立区の四家《よつや》交差点は複雑で時間によって右折禁止になる。しかし、ここを右折すれば近道になる。

だが、ここの交番には警察官がいて交差点を見守っていることが多く、注意しなければならないスポットでもある。

四家交差点に差しかかったとき、警察官*の姿は見えなかった。「行ってしまえ」と右折すると、死角から警笛を鳴らしながら警察官が飛び出してきた。

私はクルマを停車させながら、後部座席の女性客にタオルを渡した。

「すみません。このタオルを口に近づけて下向いて目をつぶっていてもらえませんか？」

女性客は驚きつつも、すぐにタオルを手にして指示どおりにうつむいてくれた。

ドアからのぞき込む警察官に私はこう言った。

「違反は承知しています。でも急病人なんです。今日のところは見逃してください」

まだ20代前半と思われる警察官は後部座席を見ると、少し困ったような顔をしながら、小刻みにうなずいて、そのまま行くようにと手で合図した。融通の利くおまわりさんで助かった。

少し走ったところで「もう大丈夫です。ご協力ありがとうございます」と伝えた。

**警察官**
あるとき、つけ待ちをしていると警察官が近づいてきて、「トランクを確認させていただきたいんですが」と言われた。「以前、金属バットや木刀を隠しているタクシーの運転手さんがいたもんで」。何台もタクシーが並んでいる中からどうして私が選ばれたのか。この人畜無害な顔を見れば、そんな物騒なもの隠しているはずがないとわかりそうなものなのに…。

女性客は笑いながら、「運転手さん、こんなのよくとっさに思いつきましたね。感心しちゃいました」と言ってくれた。

「いいえ、お客さまの名演技のおかげでこちらも助かりました」

この大芝居、じつは二度目*だったとは言い出せなかった。

## 某月某日　個人タクシー：プロ中のプロの誇り

われわれのようなタクシー会社所属のドライバーと違って、個人タクシーは各人が一国一城の主で、誰の指図も受けずに自分の思うままに仕事ができる。

個人タクシーの資格を取得することは簡単ではない。

同じ会社に10年以上勤務の実績があり、一定期間無事故無違反でなければならない。そして、その上に法令および地理試験をパスする必要がある。

同僚の中にも個人タクシーをめざしている人が何人かいた。40代の竹田さんも

**じつは二度目**
この3年前、同じ場所で、同じようにお客に演技してもらい、警察官に見逃してもらったことがあった。警察官の顔はまったく覚えていなかったが、3年も経っていれば、同じ人はもういないだろうと考えた。

そのひとりだった。彼はタクシードライバー歴20年のベテランで、ふだんから成績もよく、人柄も申し分ない人だった。

竹田さんは会社に個人タクシーのドライバーになりたいと申し出て、無事に地理試験も突破した。

その後、会社側からの提案で、退職するまでのあいだ、内勤業務に移ることになった。「無事故無違反」のまま送り出してあげようという会社の温情采配だった。

会社としては、彼のような成績のよいドライバーがいなくなるのは損失になるのだが、長年の貢献への感謝ということで背中を押していたのだ。*

私は個人タクシーに移ろうと思ったことは一度もない。たしかに、自分の思いどおりの日時に仕事ができ、誰に何を指図されるわけでもない立場はうらやましいと思ったこともある。しかし、難関の地理試験に私が受かるはずもなく、何より自宅は賃貸なので、個人タクシーに必須の車庫の設置は不可能だった。

難しい条件をクリアした人だけが個人タクシーのドライバーになれる。だから、

**背中を押していた**
都内に会社として登録し、車庫があれば、自宅を事務所としても可能。その後、街で白いクラウンの個人タクシー姿の竹田さんを見かけた。念願叶って良かったねと心の中で声をかけた。

彼らにはプロ中のプロとの誇りがある。

数十年前、法人タクシーの接客態度が悪く、運転も乱暴で「神風タクシー」*などと呼ばれていたころも、個人タクシーは年配者で優しいといわれていた。

また、バブル期の個人タクシーは、真面目に仕事をしていれば、2年で家が建つほどの収入があったという。

お客を千葉まで乗せた帰り道、高速道路を走っていた。その日は営収も上々で、あとは帰庫するだけだったため、ふと見つけた個人タクシーのあとに着いた。上機嫌で鼻歌まじりの私はいくぶん車間距離を空けながら、そのクルマを追いかけた。

前を走る個人タクシーのドライバーも気づいたのであろう、一気に加速したかと思うと、颯爽と走っていく。私もその後ろをフルパワー*で必死についていった。個人タクシーのクルマの性能には、LPガスの法人タクシーはとてもかなわないのだ。

なんとかかんとか食らいついていき、一般道に下りて信号で横に並び、ドライバーの顔を見た。

**神風タクシー**
お客を奪うため、制限速度違反や強引な追い越し、信号無視などの危険運転を行なうタクシーのことで、「神風特攻隊」の名をとってこう呼ばれた。

**フルパワー**
おそらくスピードは120キロは超えていただろう。オービス（速度違反自動取締装置）の設置場所はおおよそ把握していた。

80歳は超えているであろう大ベテランだった。

彼は私を見て、ニヤッと笑った。「若造、よくついてこられたな」とでも言っているようだった。

## 某月某日　忘れ物：お届けはサービスか？

「大きな荷物の忘れ物があります」

この言葉は、都内での事件発生を知らせる隠語だった。犯人がタクシーを利用する可能性があったり、あやしげな人を見かけたら通報を促す意味を込めて、無線でタクシーにいっせいに流される。*

これの頭に場所をつけて、たとえば「上野から乗ったお客さまの大きな荷物の忘れ物があります」といえば、上野周辺にとくに気をつけろという意味合いになった。都内の法人、個人タクシーにいっせいに流された。

**いっせいに流される**
この無線を聞いたあるお客から「わざわざ無線で知らせるなんて、よほど大切な荷物なんだろうね」と話しかけられた。答えを明かすわけにもいかず、適当にごまかした。

本当の忘れ物といえば、いまや圧倒的に携帯電話が多い。

午後2時ごろ、錦糸町付近を流していると、後部座席から携帯電話の着信音が鳴り響いた。

クルマを停車させる。その間も着信音はずっと鳴り続けていて、音を頼りに探ると、シートの隙間から携帯電話*が見つかった。

そのまま電話に出る。

「すみません。どなたですか?」

「××社のタクシードライバーです」

「ああっ! 私、タクシーに忘れたんですね」

お客は携帯がないことに気づき、友人の携帯を借りて自分の番号に電話してみたという。携帯をどこでなくしたかもわかっていなかったのだ。

話を聞くと、午前中に乗せたお客で、今は新宿にいるのだという。

「携帯がないと困るので、今すぐ持ってきてもらうことできませんかね?」

錦糸町から新宿まで、この時間なら30分ちょっと、料金は5000円弱になるだろう。

**シートの隙間から携帯電話**
基本的にお客の忘れ物はドライバーの責任とされており、降車の際の声がけと降車後の目視を行なっていた。それでもここに入ってしまったら、なかなか見つからない。

しかし、こんな場合、料金はどうなるのだろう。お客は忘れ物を届けてもらう程度ならサービスだと思っているかもしれない。そのことが心配になって、なんと返事をしていいのか迷い、口ごもった。

「早めに持ってきてもらえませんかね？」お客は焦っているようだ。

「あの……料金は」おずおずと切り出すと、

「ああ、もちろんメーターあげて来てくださいよ」

そのことさえ確認ができれば、心置きなく走り出せる。私はすぐメーターを「賃走」に切り替え、新宿へと向かった。

新宿の指定場所に着き、無事に携帯をお渡しすることができた。

お客はたいへんに喜んでくれ、錦糸町─新宿間の通常料金にくわえ、チップまで上乗せしてくれた。

また、後部座席*に降りたばかりのお客の携帯電話を見つけ、すぐに追いかけたこともある。

しかし、お客はすぐにマンション内に消えてしまって、玄関はオートロックで

**後部座席**
一時期、後部座席の目のつくところに各種宣伝パンフレットが置かれていた。だが、われわれの会社はその類のものは排除されていた。ラジオもお客の要望があったとき以外はつけてはいけない。お客が乗っている時間の車内空間はお客のものという考えであった。

どうにもならない。

私も困ってしまったが、本人も不便だろう。

携帯電話はいまや生活情報のすべてが詰まった必需品で、失っただけで日常生活に支障をきたす人も多い。

規定どおり、このまま会社に持ち帰って、持ち主からの連絡を待つとなると、携帯が手元に戻るまでに数日かかる可能性もある。

でも、持ち主はすぐ数十メートルの距離に間違いなくいるのだ。

本当はいけないことだが、着信履歴を見て、直近にやりとりした人に発信した。

運よく、出たのはそのお客の部下で、事情を説明し、すぐに自宅に電話をかけてもらい、タクシーまで戻ってきてもらうことができた。

「プライバシーは承知していますが、この方法しか思いつきませんでした」とお詫びした。

「当然です。それより携帯がすぐに戻ってきて助かりました。ありがとう」というお礼の言葉に安堵した。

## 某月某日　東日本大震災：何もかもが異常だった

２０１１年3月11日、私は朝7時から通常勤務で都内を走っていた。いつもどおり深夜1時まで仕事の予定だった。

午後2時46分、空車で春日通りを走行中に揺れを感じた＊。

ラジオのニュースで震源地が三陸沖だということと、都内も震度6だったことを知った。

直後、小石川でお客を乗せて、東京駅まで走った。途中、水道橋付近を走っていると防空頭巾を被っている人がいた。何を大げさに時代遅れなことを、などとこのときはまだ思っていた。

東京駅でお客を降ろしたころには、道に人があふれだしていた。

ラジオニュースではあらゆる交通機関が止まってしまったことと、大きな津波が来る可能性があることを伝えていた。

**揺れを感じた**
クルマに乗っていたので地上に立っているほどの大きさではなかったが、それでもクルマの揺れ方や、車内から見える電柱や電線の揺れでかなり大きな地震だとわかった。

私は自宅にひとりでいる母のことが心配になり、会社に帰庫しようと決めた。

このときにはすでに道路もクルマであふれだしていた。

とりあえず、「回送」に切り替えて、会社に向かって走り始めたが、道路には人があふれ、数メートルおきにタクシーに向かって手をあげている人がいた。

道が混んできてクルマが動かなくなると、そのうちの何人かが窓ガラスに顔を押し付けんばかりにして、乗せてくれと頼んできた。頭を下げ、腕を×印にしてお詫びのお断りをし続けた。

サラリーマンやOLだけでなく、自分の母と同じ年くらいの高齢の女性が必死に乗せてという合図をしていた。

今になって思えば、高齢者の方は後席に座るだけでもいいからお乗せすればよかったのにと後悔するが、道の混雑具合から、どこにどう送り届けられるかもまったく読めなかった。何もかもが異常だった。

いつもは30分ほどで戻れる会社までの道に、3時間を要した。

このころになると道路の混雑は極まり、数百メートル先に見えている自社の建物まで遅々として進まなかった。

なんとか帰庫して、すぐ家に電話を入れた。母は外出先で地震に遭い、今は自宅に戻ってきて無事だと言う。

同僚たちも次々と仕事を切り上げて戻ってきていた。

「この仕事20年やっているけど、こんなのは初めてだよ」

「俺も新小岩からここまで戻ってくるのに2時間以上かかった」

そんな話があちこちで聞こえる。

タクシードライバーは商売柄、道が混んでいるときの別ルートを熟知している。しかし、このときばかりはあらゆる道が渋滞し、道路が駐車場と化していた。* われわれはこの未体験の状況を語り合った。

会社に納金だけは済ませて、夜10時前に家に向かって歩きだした。

いつもは一人で渡る荒川の橋も大勢の人であふれかえっていて、まるで竹下通りのようだった。

ラジオだけの情報しかなかったので、津波による原発事故を知るのはその後だった。

**道路が駐車場と化していた**　カーナビでは、都内の道路のほとんどが「渋滞」を示す赤色で表示されていた。都内全体が真っ赤な表示など初めて見た。その真っ赤な画面が今も印象に残っている。

## 某月某日　釣りはいいよ：気づかいの人びと

「釣りはいいよ」のひと言は嬉しい。

ゴルフで朝、キャディーさんに渡すチップは一日よろしくとの意味があるが、今後二度と会うことのないタクシードライバーへのそれは見返りがない。仕事が料金以上だったという意味でもあり、ドライバーへのねぎらいでもある。

日本橋人形町にあるすき焼きの名店からの無線客だった。到着すると、接待側からタクシーチケットを渡された。行き先は春日部だという。

その方面には詳しかったので安心して出発。日光街道を北上する。40代の身なりのきちんとした男性で、名古屋に家族を残して単身赴任で東京にやってきたという。会話の様子からタクシーにも乗り慣れていないようだった。

春日部の自宅前に到着すると、そのお客は1万円札を差し出し「これ、チップです」と言う。接待側のタクシーチケットで身銭を切らなくてよかったお客によ

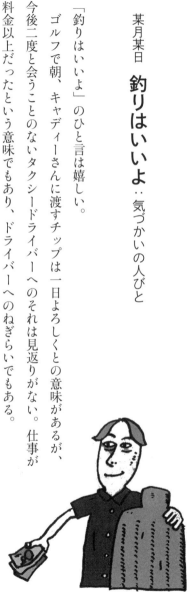

る、嬉しい気づかいだった。

それにしても、こんなに多額のチップをもらったことのなかった私は驚いて、

「本当にこんなにいただいてよろしいのでしょうか？」

と確認した。

するとそのお客は「ああ、それもそうか」と１万円札を引っ込めて、*５０００円札を取り出した。

帰り道で、余計なことを言わず１万円札をありがたくもらっておけばよかったと後悔した。「足りない言葉は追加できるが、言った言葉は取り消せない」という格言が身に染みた。

浅草から新宿までの高齢の女性客だった。お年寄りの女性客には話好きな人が多い。ふだんはしゃべる機会が少ないので、こんなときに思い切り言いたいことを言い、ストレスを解消するのかもしれない。タクシードライバーは格好の話し相手なのだ。

新宿までの道のりでいくつかの店に立ち寄り、*買い物をした。それぞれの店の

**１万円札を引っ込めて**　私の15年におよぶドライバー生活で、１万円のチップというのは後にも先にもこのとき一度限りだった。そのワンチャンスを私は逃した。

**いくつかの店に立ち寄り**　ある店に入って30分ほど出てこなかった際には心配になって中に見に行った。

前で待つように言われた。

話の中で、自作の短歌を披露してくれた。

「若竹の青く茂りし藪の中　鳥のさえずり我を忘れる」

この短歌はどういうわけか今でも覚えている。

私は短歌についてはとんと無知ではあるが、「お上手ですね」と言った。無邪気に喜んでくれた。

何度も停まって買い物待ちを繰り返したこともあり、最終的に1万7000円になった。

「運転手さんといっぱいおしゃべりできて楽しかったわ」

万収だけでも嬉しいのに、そのうえチップまでくれて、元気に降りていった。


日曜日、上野駅のタクシープールで水戸市から観光に来たというお客を乗せた。まだ50代の現役サラリーマン風の方で、手には高級そうなカメラを持っていた。両国方向に行ってくださいという。

かの地の名所であるももんじや*、回向院《えこういん》*、船橋屋*などに立ち寄る。寄った場所で、名所を背景にして、自分の写真を撮ってほしいと頼まれた。

指示されたとおりにタクシーを降りて撮影した。

「母親が昔、両国に住んでいたんです。でも今は高齢で身体が悪くなって、自分では動けません。母に今の両国近辺の様子を見せてあげたいんです」

男性はそう言った。親孝行の人だった。

予定していた目的地をすべて回り、最後は再び上野駅に送り届けた。

シャッター代ということで３０００円ものチップをいただいた。

チップをくださったお客との思い出はどれも良いものばかりだ。その心づかいに金額以上の価値が含まれていた。

**ももんじや**
墨田区両国にあるイノシシ料理の店。イノシシ鍋が有名。

**回向院**
明暦３年（１６５７年）に開かれた浄土宗の寺院。大日本相撲協会が建立した、物故力士や年寄の霊を祀る「力塚」や、鼠小僧次郎吉の墓などが有名。

**船橋屋**
文化２年（１８０５年）から続く老舗和菓子店で、元祖くず餅の店。本店は江東区亀戸。

## 某月某日　**街宣車**：お客の鈍感力

都内を走っているとよく右翼の街宣車に遭遇した。

例によって独特の塗装をほどこした車両から大音量の軍歌を流して走行してい

る。そのクルマのほとんどが特種用途自動車として税金が優遇される8ナンバー*
である。

私は〝右〟でも〝左〟でもないが、主張を一方的に大音量で聞かされるのはたまらず、お客が乗っていなければ、なるべく街宣車を避けるようにしていた。

ところが、ある日、運悪く、私のクルマが街宣車に〝捕獲〟されてしまったことがある。

台東区役所付近で乗せたお客は「日本橋まで」と告げる。中央通りをまっすぐだ。「急いで」と言われたので車間を縫って右レーンに入った。

そのレーンに街宣車がいるのはわかっていたが、車間距離はある程度あって、それほど強引に割り込んだわけではないので、大丈夫だと思っていた。

ところが、彼らはそれを見逃してくれなかった。

マイクのハウリング音がしたかと思うと、スピーカーからは大音量で、

「前のタクシー、割り込むんじゃねえ！」

という怒鳴り声が聞こえた。

私は肝を冷やしたが、左車線はクルマが続いてなかなか割り込めず、知らんぷ

**8ナンバー**
自動車税などの法定費用が一般車よりも安くなっているクルマで、パトカーやゴミ収集車などもこれにあたる。

りをしてハンドルを握っていた。

「おいっ！　××社のタクシー、お前だ、お前！　割り込んでくるなぁ！」

ボルテージのあがった声がスピーカーから襲いかかり、そのままあとを追いかけてくる。私のクルマは狼の前に突然現われた獲物のうさぎだった。

「黒い車体の、××社のナンバー……」

彼らは私のクルマのナンバーを大声で読みあげ始めた。さすが相手が嫌がることを知り尽くしている。

感心したり、肝を冷やしたりしている場合ではない。私はお客を乗せているのだ。さっきからこれだけ煽られているタクシーに乗っているお客が心配になった。

バックミラーで確認すると、40代と思われる乗客は自分のスマホに夢中で気づいていない様子だ。

それにしても真後ろから響くこの大音量に気がつかないなんて、このお客の鈍感力も大したものである。

街宣車の社名とナンバーの連呼が続き、ようやくお客が気づいたらしい。

「運転手さん、さっきから怒鳴ってるの、このクルマのことですかね？」

切迫感のない、悠長な声でそう言う。

「ええ、そうみたいですね。彼らの前に入ったら、どうやら気に障ったみたいで……」

「ハハハ、どこまでついてくるんですかね」

私は気が気ではなかったが、豪胆なお客もいたものだ。

神田須田町交差点に差しかかったところで、街宣車は右方向に曲がっていった。どこまでついてくるのか、まさか降りてきやしないか、と心配していた私は全身から脱力するほどほっとした。

「あれっ、向こう行っちゃいましたね」

男性客がなんだか残念そうにつぶやいた。

思えば、その日は憲法記念日だった。彼らは集会に参加するため、靖國神社に向かって走っていたのだと納得した。

## 某月某日　オイシイ仕事：サザンのコンサート行き

勤務前、その日たまたま居合わせた同期の大塚さんに手招きされた。

事務室の脇の人気のない廊下に連れていかれると、大塚さんが「相談なんだけどね」と切り出した。

「再来週の土曜日、僕の姪っ子を連れて、横浜アリーナで開催されるサザンオールスターズ*のコンサートへ行くんですよ。行き帰りの電車がすごく混むから、内田さんのタクシーで送迎してほしいんだけど」

大塚さんの自宅は埼玉県の八潮《やしお》市にあり、そこから横浜アリーナまでのおおよその料金を頭の中で弾き出した。往路2万円くらいにはなりそうだ。気心も知れた大塚さんでもあり、送迎中に何かあることもない。悪くない、いやむしろオイシイ仕事である。

「でもね、コンサート中はメーターは倒しておいてね」

**サザンオールスターズ**　このバンドのデビュー当時、コミックバンドかと思っていたら、のちに大化けした。私はまともに彼らの曲を聴いたことがない。

コンサートが3～4時間としてその間はまったく売上げがなくなる。とはいえ、往復で4万円の営収が確保できるのはありがたい。

私は考える間もなく、即座にOKした。

「ありがとう。それとね、この話は内田さんだけにしたから、ほかの連中には黙っていてほしいんだ」

ほかの人が知るとうらやましがるから、誰にも言うなという。それにしても、こんなオイシイ仕事をどうして私に振ってくれたのか。

「いや、俺ひとりなら、誰でもいいんだけどね。姪っ子は中学生なんだよ。あんまりガサツな人だと困っちゃうからね」

こう言われれば、人柄が評価された気がして悪い気はしない。

当日、いつもどおり朝7時からの勤務をこなし、日が傾く前にメーターを「回送」にして、指定場所に向かう。営収はまだ1万円ほどで、いつもなら焦り出すところだが、この日は心配ない。私には横浜までの太い客がいるのだから。

指定場所で待っていたのは、大塚さんとその姪っ子の可愛らしい中学生だった。

車中ではコンサート前の興奮が押さえきれない女の子がサザンの曲*についてあ

れこれと大塚さんに話している。

彼女の興奮や期待感がこちらにまで伝わってきて、楽しい道中になった。

横浜アリーナに送り届けたあとは４時間ほど、近くの通りで待つことになる。

コンサートの帰りの客待ちのドライバーが私の足立ナンバーを見て、「おぉ、いい仕事してるね」と冷やかしてきた。

夜９時すぎ、汗をかいた２人がタクシーに戻ってきた。

帰りの道すがらも、女の子はその日のコンサートの様子を嬉々として語りかけ、大塚さんも興奮気味にしゃべり続けた。そばで聞いているだけでコンサートの興奮が伝わってくる。

その日のメーター料金４万円ちょっとに加え、大塚さんはチップとして５０００円を渡してくれた。

横浜の運転手に言われたとおり、実際、気楽でじつにいい仕事であった。

**サザンの曲**
サザンの曲を聴いたことのない私にとって、二人の話はチンプンカンプンであった。途中、話の流れで彼女から「ええ、内田さん、サザン聴いたことないんですか⁉　そんな人いるんだ」と驚かれた。楽しげな雰囲気はそれだけで心地よいものであった。

某月某日 **うるんだ瞳**：助手席に乗ってきた彼

子どものころから自分の顔が好きではなかった。目は一重で細く、その代わりに大きな三角鼻が存在感を示している。子どものころ、巨人の広岡達朗に似ていると言われた。どこにでもある平凡な顔なのであろう、街中でよく他人に間違われる。

新宿を歩いていた折、「三浦さん、お久しぶりです」と声をかけられた。目の前1メートルの距離だ。私には覚えがない。

「ほら、△△建設の大橋です」「……」

数秒見つめあったところでようやく気づいたらしく、「なんだ」とだけ言って去っていった。「なんだ」はこっちのセリフである。

夜7時すぎ、神田駅前で信号待ちをしていたら、40代のスーツ姿の男性が手を

あげながら、私の顔をじっと見ている。＊ あまりにじっと見るので初めはまた人違いでもされているのかと思っていた。

男性は自分で助手席のドアを開けて乗ってきた。ひとりだけで助手席に乗ってくるお客などまずいない。変だなと感じた。

「今日は暑いですねえ」などと当たりさわりのない世間話をしてくる。

お客の指示どおり進んでいくと、どんどんと人通りの少ない道に入っていく。ある公園脇の道路に来たところで、そこで停めるように指示された。

クルマを停めるやいなや、私を見つめながら、「今、寂しいの」と太ももに触れてきた。瞳がうるんでいる。

私のような広岡達朗顔の初老男でも構わない人もいるのか。驚くとともに妙に感心してしまった。

「お客さん、やめてくださいよ。私はその気はありませんから、料金は要らないんで降りてくれませんか」

強めに言うと、彼はすぐに手を引っ込めて、何も言わずに助手席のドアを開け、慌てて降りていった。

**私の顔をじっと見ている**　外からタクシードライバーの顔は見えづらいだろうが、ドライバーから外はとてもよく見える。人の動作の一挙手一投足から表情まで手にとるようにわかる。走行中も、横断歩道で立っている人が信号待ちなのか、タクシー待ちなのかも、見分けられる。数年この仕事を続けていて自然と身についた。

それにしても、彼はどういう基準で私を選んだのだろう。

じつはこういうケースはもうひとつ経験している。

上野駅近くには当時、通称「オカマ小路」と呼ばれる道路があった。たまたまそこを通りがかった際、手をあげている男性を乗せた。

こちらも50代と思われるスーツを着たサラリーマン風だった。この人も助手席に乗り込んできた。神田のお客の経験があったから、この時点で警戒していた。

今度は世間話もなくストレートに「ねえ、少しつき合ってくれない」と言ってきた。

「いえ、私はその気はありません」ときっぱり断った。すると、

「だったらこんな場所でうろつくんじゃねえ！」

と大声で怒鳴られた。

たまたま通りがかっただけで、うろついていたわけではないが、そう思われる場所なんだと納得した。彼には私が物欲しげな顔をしているように見えたのだろうか。

帰庫してこのことを同僚に話した。

「そうだよ、あそこはゲイの店がたくさんあって有名だよ。何年、上野界隈を回ってんのよ。あそこで客待ちなんかしていたら、お仲間だって思われるって。内田さん、失礼なことしたね」

## 某月某日　詭弁：最低のお客、アヤシイお客

タクシードライバーは、基本的にどこの誰かもわからない人物を乗せる。私が乗せた中でもっとも嫌なお客と、もっともアヤシイお客の話である。

酔っぱらいやその筋の人はタクシードライバーなら誰もが関わりたくない。しかし、見た目では判断できないことも多い。

流しで秋葉原から乗った男性客だった。30代のこざっぱりしたジャケット姿で身なりもふつうである。

「松戸まで3000円で行ってください」と言う。

秋葉原から松戸となると、とてもその料金では行けない。エントツ*はできないシステムになっているし、やるつもりもなかったので、「メーター料金どおりになります」と答えた。

無言でなんの返答もない。

そのまま目的地に向かう。1時間ほどで到着。メーターは7000円を超えている。

するとお客は「3000円の約束だったよね」と言って、それだけ置いて降りようとする。

「その料金を承知したことはありません」

「でもそのまま走り出したよね。私が料金を伝えて、あなたが走り出したということは了解したということだよね」

「メーターどおりとお伝えしました」

「私はその話を承諾していない。私が提示した料金を理解して走り出したのだと思っていたんだけど」

完全に詭弁ではあるが、ああいえばこういうで、埒が明かない。そのうちに

**エントツ**
メーターを正しく操作せずに、料金をドライバーが着服する不正行為。たとえば、メーターを倒さずに走行し、目的地でお客から料金を安めに徴収して、そのまま着服する。お客も料金が安くなるので文句を言わず、ドライバーは料金がまるまるフトコロに入る。以前のメーター器は空車表示が旗のように立っており、横に倒して作動を開始した。旗が立ったままの状態を煙突に見立てて、こう呼ぶ。

「それでは裁判になってもいいので白黒つけよう」などと言い出す。

ドライバーは反論できないと思って強引に自分の主張を押し付けてくる。

この調子で10分以上口論しているうちに、もう面倒になってきた。「裁判で白黒つけてやろう」と迎え撃つだけの覚悟もなかった。

悔しさをこらえて、そのお客を降ろした。お客が置いていった千円札3枚を見ていると怒りが込みあげてきた。

近くの4階建てのアパートに入っていくのを見て、あとを追って「お客さん、タクシー代払ってください」と大声でドアを叩いて、嫌がらせをしてやろうかとも思った。しかし、私にはその度胸もなかった。

私にできたのは、その男の後ろ姿に「こんな理不尽な言動はいずれ自分に返ってくるぞ」と呪詛《じゅそ》の言葉を投げかけることだけだった。悔しさを噛みしめながら、泣く泣く帰庫*した。

続いて、もっともアヤシイお客の話である。

無線からの指示で、蔵前駅前で配車を待っているお客がいるという。

**泣く泣く帰庫**　その件以来、私は自己防衛の一環として、ICレコーダーを購入し、トラブルになりそうなお客との会話を録音することにした。しかし、その後そのようなお客と遭遇することはなかった。

行ってみると、40代後半と思われる、肩まで髪を伸ばしたサーファー風の男性がひとりで乗り込んできた。

「秋葉原」

とだけ言うと、携帯電話でどこかに電話をした。

「今から10分後に着きます。モノはありますので、その場で交換でお願いします。ええ、黒のタクシーです」

指定されたバス停に到着すると、そこではお客よりもひと回りほど年輩の男性が人待ち顔で立っている。するとお客は、

「あの人の前で停まって。降りないから、いいって言うまで停まったままでいて」

と指示してきた。

指示のとおり、男性の前でクルマをいったん停車する。

するとお客はウインドウを開け、何かを手渡し、交換に何かを受け取った。

それが終わると、そこからワンメーターほど離れた場所を指定して、そこで降りていった。

じつはこのお客を、それから数週間後にもう一度乗せた。

同じく蔵前駅前から乗ってきて、今度は別の場所に向かい同じように何かを交換していた。

確定的な証拠は何もない。しかし、違法薬物か何か、とにかく法に触れるようなブツの取引だと疑うのがふつうだろう。

私もそう思った。そう疑いながらも、もし違ったら、お客にも会社にも迷惑をかけることになるのではないかという迷いも生じてきた。

このことは会社にも伝えず、自分で考えた末、もう一度、同じお客が乗ってきて、同じような取引をしたら、そのときは警察に通報*しようと決めた。

そう決めて以降、再びそのお客を乗せることはなかった。

何度も同じタクシー会社ではヤバイと思って他社に切り替えたか、もしくはすでに逮捕されたのか。いや、それとも私の思いすごしで、なんでもないものの受け渡しをしただけだったのか。

これまでも犯罪行為に加担などしたことのない私は、どうか後者であってほしいと願っている。

**警察に通報**
現在はドライブレコーダーが発達して、車外も車内もかなり鮮明な映像が記録されるようになった。この抑止効果はなかなかのもので、画像や音声が動かぬ証拠となるため、タクシーを使った犯罪行為はしづらくなっているはずだ。

## 某月某日 **タクシー賭博**：大相撲東京場所の楽しみ

大相撲の東京場所*の折、両国国技館で客待ちをする。

午後6時前にすべての取り組みが終了すると、国技館の出入口からはいっせいに人が出てきて、そのほとんどがすぐそばのＪＲ両国駅に向かう。その中でタクシーを利用するお客を待つ。

私は午後5時ごろから「いい場所」に車を停めて待つ。いい場所とは先頭とは限らない。

というのは、早めに出てくる人は出入口に近い比較的安い入場料の人で、あとから出てくる人はマス席や砂かぶりなどの上客である可能性が高い*からだ。

東京場所開催中の国技館前をテリトリーにしていたのが、5歳ほど年上で同じ営業所の先輩・柴田さんだった。

気さくな人柄で気が合ったため、顔を見るとあいさつをし、そのうちに客待ち

**大相撲の東京場所**
大相撲が両国国技館で開催されるのは年に3回、1月と5月と9月である。

**上客である可能性が高い**
それでもほとんどの人は浅草駅や上野駅、東京駅でである。一度だけ高尾までという人がいた。これは大当たりである。こう

で順番が遠いと、彼は私のクルマに乗り込んで２人で雑談をしていた。

あるとき、柴田さんが「このあと乗せるお客、どっちが遠くまで乗せたか、賭けないか」と言ってきた。遠方まで乗せたほうが、缶コーヒー１本をご馳走してもらうのだ。

私も同意して、両国発の〝タクシー賭博〟が始まった。

次回会ったとき、お互いに正直に告白する。

「俺は新宿だったよ。内田さんは？」

「私は秋葉原。柴田さんの勝ちだね」

という具合で缶コーヒーをおごるのだ。

もちろん、自己申告制だから、言ったもん勝ちではある。それでもきっと互いに正直に申告していた。

この勝負は３年ほど続き、結果は五分五分だった。柴田さんと会うのはこの両国国技館前だけ*だったから、４カ月に一度、東京場所が開催されると、国技館に客待ちに行くのが少し楽しみだった。

そのうち、国技館前で彼の姿をぱったりと見かけなくなった。


いう体験をするとやめられないのはパチンコと同じだろうか。

**会うのはこの両国国技館前だけ**
同じ営業所でも出社時間が違えば、顔を合わせることはほとんどない。柴田さんとも社内ではまず会わなかった。

営業所の事務職員に聞いたところ、癌で亡くなったとのことだった。癌が見つかってから半年のうちに亡くなったのだという。70手前だったから、まだ若い。後日、住所を聞いてお悔やみにうかがった。

住所を訪ねると、そこは足立区綾瀬《あやせ》の古びた都営アパートだった。

奥さんの話は何度か聞いたことがあった。たしか学生時代の同級生で、現役で看護師をしているという。タクシーの乗車日には夜食用の弁当を作って持たせてくれるといって照れくさそうに見せてくれたことがある。子どもはいなかったらしい。

インターホンを押すが、不在のようだった。

玄関のドアポストに「生前の柴田さまにお世話になったタクシー運転手です。ささやかながら楽しい交流*をさせていただき、ありがとうございました」と匿名で手紙と香典を投函した。

今でも国技館のそばを通ると、柴田さんとのタクシー賭博をなつかしく思い出す。

**楽しい交流**
柴田さんは社内の情報に通じていた。ある職員の異動は金銭トラブルが原因だとか、あるドライバーと女性ドライバーが不倫関係にあるとか、話題が尽きないばかりではなく、話し上手で、彼とのやりとりはじつに楽しかった。

## 某月某日　傍若無人：恐ろしい策略

深夜0時、浅草だった。30代の酔客が乗ってきていきなり「まっすぐ行け！」ときた。

クルマは蔵前方面に向いていて、指示どおりにまっすぐ走らせた。200メートルほど走り、「この方向でよろしいですか」と確認すると、「日暮里《にっぽり》」とだけ言う。

日暮里なら、反対方向だ。

「日暮里だと逆方向です。どこかでUターンします」と言うと、

「なんで逆に行ってんだよ！」と怒鳴られた。

この手のお客に弁解しても無駄なので、素直にお詫びする。

日暮里に着いて支払いの際、お客の財布から名刺が落ちた。

お客は気づかないので私が拾って渡そうとしたとき、チラッと名刺の会社名が

目に入った。大手の広告代理店の名前が見えた。

思わず「こんな立派な会社にお勤めの方がタクシー運転手を困らせるようなことをしてはいけませんよ」と言ってしまった。*

会社がバレたお客は小声で「ごめんなさい」とだけ言い残し、逃げるように立ち去った。

密室の中で傍若無人にふるまうお客も、身元が知られることを嫌がる。一流会社のサラリーマンならなおさらだろう。


夜の11時すぎ、新小岩。ロシア人美女2人に両脇を支えられ、タクシーに押し込まれるようにして乗ってきた酔客は「牛久《うしく》まで。着く少し前に起こして」とだけ言って、ゴロンと横になった。

茨城県の牛久とは魅力的だ。* ここから牛久までなら2万円超になるだろう。

牛久に向かう道中、後部座席からはいびきが聞こえてくる。

牛久に到着する手前で「お客さん、もうすぐですよ」と声をかけたが、起きない。何度か声をかけるが、一向にいびきがやむ気配がない。

**言ってしまった**
本来はお客にこんなことを言ってはいけない。それはわかっているが、私も言われっぱなしも嫌だなと思わず口に出してしまった。

**牛久とは魅力的**
その日、朝7時から乗って、営収はまだ2万円に届いていなかった私は巻き返しのチャンスに胸を躍らせた。酔客はトラブ爆睡客の起こし方は、じつは子どものころに覚えた。

夜中におねしょをしてしまい、隣で寝ていたおばあちゃんを大声で呼んだら、飛び起きて「心臓が止まるかと思った」と怒られた。それ以来、初めは小さな声で、だんだん大きな声にして起こす技を身につけた。ふつうの酔っぱらいならこれで目を覚ます。

ところが、このお客はそれでも目を覚まさない。ドライバーはお客の身体に触れてはならないので、もうどうしようもない。

牛久に到着して、ようやくお客が目を覚ました。すると「どうしてもっと前に起こしてくれなかったんだ」と怒り出した。

「何度もお声をかけたんですよ」と言っても収まらない。

通行人が見ていて「警察呼びましょうか」と言ってくれ、なんとか騒ぎは収まった。

お客は数枚の万札を投げつけ、私の無線番号を独り言のように復唱しながら勝手に降りていった。お札を拾い集めると5枚ある。料金は2万円強だったので明らかに支払い分が多い。

ルの元になる反面、遠距離であることも多く、イチかバチかの賭けでもある。

私はすぐに会社の無線室に状況を伝えた。無線室からは、とりあえずそのまま持ち帰り、営業所に提出するようにとの指示があった。

その後、その客から会社にクレームの電話が来た。「メーターより多く支払ってしまったので、返金してほしい」という。

あのとき、すぐに会社に連絡していなければ、私は横領犯にされていたかもしれない。

会社が精査したところ、私に落ち度はなく、もらいすぎた金額分を会社側が返金することになり、それで済んだ。

降車時の独り言は無線番号を忘れないための復唱だったのだ。それにしても恐ろしい策略である。

辞める間際、もっとも効果的な起こし方を同僚に教わった。携帯電話の着信音である。

この音を鳴らしてお客の耳にあてると、ほぼ100％の確率で自然に目を覚ました。これをお客で試して実証したときは、あと何年か早く知りたかったとうなったほどだ。

## 某月某日　母の最期：「表」だけを見せて逝った

２０１１年、母に肺腺癌が見つかった。

医師からは手術を含めてさまざまな治療法の提案があった。いずれも入院を求めるものであった。

しかし、母はそれらをすべて断り、それまでと変わらず葛飾区立石の自宅で私と暮らすことを選んだ。

同居生活の中でも可能なかぎりの親孝行を実行した。それは19歳で私を産み、苦労して育ててくれた母へのせめてもの恩返しだった。

母は大井の立会川《たちあいがわ》のそばで生まれた。４人姉妹の次女だった。物心ついたばかりのころ、「ちょっとお泊りに行こう」と一人だけ連れ出され、子どものいなかった親戚のところに養女として迎え入れられた。そんな時代だったのだ。後年、母は私に、永遠に姉妹のもとに帰れないなんて思ってもみなかったと教えてくれ

た。

父と結婚後、3人の子どもをもうけたが、父の自分勝手な行ないに振り回され続けた。その結果が、会社の倒産と、連帯保証人としての裁判への出廷だった。

倒産騒動を経て、葛飾に転居し、そこで数名の友人ができ、ようやく穏やかな晩年*を迎えていた。

母は癌が見つかる数カ月前、自ら遺影用にと写真を撮影し、額縁に用意していた。母の友人たちは「こんなのを用意する人ほど長生きするもんだ」と笑っていた。


肺腺癌の宣告から2年が経ったころ、母は体調不良を訴えた。それまでは以前と変わらぬ暮らしをしており、この生活がこのまま何年も続くものだと思っていた。自ら望み、地元・葛飾区の病院に入院した。

私は看病のため、会社を1カ月ほど休職することになった。妹も病院に日参してくれ、弟も仕事の合間に立ち寄ってくれた。

医師によると肺腺癌は相当進行していて、余命はいくばくもないということ

**穏やかな晩年**
この数年前に、父は79歳で誤嚥性肺炎により他界していた。

だった。私は毎日、病院に通い、母と最期のとき*をすごした。

母が入院して3週間ほどしたころだった。家の片づけのため、一時的に自宅に戻っていたとき、病院から母の急変の知らせが入った。

病室に駆けつけると、さまざまな装置がベッドを取り囲んでいた。母の容態がよくないということは、そこにいる看護師たちのあわただしい動きでもわかった。

ずっと看病していた妹も別件で家に戻っていた。すぐ駆けつけるという連絡が入った。「間にあってくれ」と思いながら酸素マスクの母に「もうすぐ来るから」と声をかけ励まし続けた。

妹が息を切らして到着し、母の手を握ったちょうどその瞬間、モニター画像が上下の揺れから水平に変わった。

母は亡くなる直前、「葬式代くらいは残したから安心して」と笑っていた。葬儀、戒名代などでの出費150万円を少し超える金額が母の口座に残されていた。自らの後始末までしっかり整えていた。

良寛は「裏を見せ　表を見せて　散る紅葉《もみじ》」と詠んだという。母は「表」だけを見せて逝ってしまった。

**最期のとき**
入院は4人部屋で、私は日がな一日ベッド脇で文庫本を読んですごした。母は「何もしなくていいからそばにいてほしい」と言っていた。母は「尊厳死協会」に入会していた。いっさいの延命治療を行なわないという意志は確固たるものだった。

母が亡くなったあと、数人の母の友人から「あなたのことを自慢の孝行息子だと誉めていました」という手紙をいただだいた。

後悔がひとつだけある。

母の死後、読み返した日記のある一日に「正治とのドライブが大好き」と記してあった。

私は「休みの日はハンドルを見るのも嫌」と母に愚痴ったことがあった。

それを聞いてから、母は私にドライブに連れていってと言えなくなったのだろう。母とのドライブは結局、深大寺に蕎麦を食べに行った、その一回きりだった。

人は背負っているものがあると、そのために自分の限界以上の力が湧いてくるのだという。

私の背負ったものの一番は母だった。心身ともにヘトヘトになって帰宅しても、仕事で良かったことだけを話して、気楽にやっているようにふるまった。

母がいなければ15年ものあいだ、タクシードライバーを勤められなかった。

# 第4章　さよならタクシードライバー

某月某日

## 最高営収：12月、金曜日の奇跡

還暦をすぎたころから、この仕事からいつ抜け出そうかと真剣に考えるようになっていた。

理由のひとつは、糖尿病の持病を抱えていたこともあり、連続して十数時間に及ぶ勤務が体力的に厳しくなってきたことだ。もちろん自己責任だが、不規則極まりないこの仕事のストレスも関係ないとは言えないだろう。

ぼんやりと考えていた退職を、より具体的に考え始めたのは２０１３年ごろのことだ。私は62歳になっていた。

息子も社会人となり、独立した。両親も他界して、もう自分のことだけを考えればいい状況になった。やり切ったという思いもあった。

徐々に仕事を減らしていこうと決め、月の出番*を12から6に変更した。年金は60歳から受け取る前倒し制度を選択していた。

**月の出番**
月の出番については、基

入社したてのころ、会社からとにかく走れと言われ、お客などいるはずもない日光街道をただがむしゃらに往復していたのがウソのように、必死さは消えていた。

月に6回だけの出庫。それさえ売上げをあげるためにどうしたらよいかを追求するのではなく、だらだらと帰庫時間になることだけを待っていた。

それまでは午前1時すぎまで走り回っていたのが、午前0時前には帰庫*するようになっていた。

昔は必死になって食らいついた無線も、鳴ったまま放置していた。最盛期には500万円を超えていた年収も、180万円まで落ち込んだ。

欲がなくなると反対に運がついてくることもあるという。2013年12月の金曜日、奇跡のようなことが起こった。

当日も朝7時からの勤務。お客を指定場所に送り届けると、そこで待っていたかのように次のお客が乗ってきた。次の場所に到着すると、そこでもすぐにお客が手をあげていた。こんなことの繰り返しで、午前10時から午後5時までのあい

本的に本人の希望を優先してくれる。

**午前0時前には帰庫**
この時間に帰ってくると、0時半の京成関屋駅の終電に間に合った。

だ、まさに入れ食い状態だった。そんなことが4、5回も続くと、もうお客に見つかりたくないという気持ちになった。

連続7時間もお客を乗せっぱなし状態になり、上野公園でお客を降ろし、周囲に次のお客がいそうにないことを確認してほっとした。15年間の勤務で、こんなことは初めてだった。

やっとひと休みできると、車を停めてシートを倒したところだった。ドアをコンコンとノックするお客がいる。

「いいですか？」と窓をのぞき込んで聞いてくる。

目が合ってダメというわけにはいかない。そのお客を乗せて目的地に着くと、そこでまた新しいお客がいる。嬉しいというよりあまりの忙しさにてんてこ舞いだった。これほど忙しい日は、後にも先にもこの日だけだった。

午前1時、帰庫して事務職員に日報を提出*した。私の一日の営収は9万9900円で、過去最高額であった。

事務職員は「惜しい！」とジョークで笑わせてくれた。

15年も勤務してきて、ようやく最高営収を更新したということが気恥ずかしい

**事務職員に日報を提出**
本書中に何度か登場した事務職員の山田さんはこの少し前にグループ会社の別営業所に異動になっていた。じつは山田さん

ような、また誇らしいような気分だった。

偶然ツキすぎたこんな日もあったものの、この年の平均営収は1日2～3万円ほどであった。

結局、営収10万円の大台を私は一度も体験することがなかった。

の異動も、彼がいなくなったあとに、別の人から知らされた。会社内の出会いや別れはあっさりしたものだった。

某月某日 **決定的な出来事**：一過性黒内障の疑い

辞める時期をいつにするかを考えていたとき、決定的な出来事が起こった。

2016年9月、その日も朝7時から乗車していた。昼すぎ、春日通りでお客を降ろして、そのまま通りを流している折だった。

突然、暗幕が左から右へと引かれたかのように視界がさえぎられた。何事が起こったのかわからず、慌ててクルマを道路脇に停車させた。完全に左目から視力が失われていた。

両目をつぶり、下を向いて自分を落ち着かせた。5秒ほどして、恐る恐る目を開けてみると、視野が戻っていた。

こんな経験は初めてだった。お客を乗せていたらと思うと恐ろしくなった。その日は「回送」にして、そのまま帰庫した。*

あんなことが実車中に起きたらと思うと、もう仕事に出ることはできないと判断した。

15年間、一度もお客を危ない目に遭わせることなく、安全に乗せていたことが私の誇りでもあった。

会社に事情を伝え、10月15日付けで退社することが決まった。

数日後、内科を訪れ、精密検査を受ける。「深刻な状態ではないので、このまま経過を観察*しましょう」ということになった。

またこの症状が起これば、お客や会社に迷惑をかける。そう考えるともう二度とハンドルを握る気にはなれなかった。

退職日が決まり、ロッカーの整理をしていると隣で着替えていた「D勤」の久保さんに話しかけられた。

**そのまま帰庫した**
翌日、すぐに眼科に駆け込んだ。診断されたところでは「一過性黒内障の疑い」ということであった。医師の説明では血管が詰まって起こる症状だということで、さらに内科で精密検査を受けるように言われた。

**経過を観察**
薬が処方され、それを飲みながら、経過を見ていくことになった。日頃は「この年になれば何が起こっても不思議ではない。覚悟はできている」などと思っていたが、現実になると自分でも恥ずかしいくらい動揺してしまっ

「内田さんなら、まだできるんじゃないですか？」久保さんはタクシードライバー歴10年で、私よりひと回り若い。

「いや、もう年齢も年齢だし、疲れたからね」目の病気のことは口にしなかった。

「さみしくなりますね」

「D勤」の彼と会うことはあまりなく、顔を合わせても二言三言立ち話をする程度の仲であったが、気をつかってそんなふうに言ってくれることが嬉しかった。

「これ、使う？」

雨の日用にロッカーに入れておいた新品のビニール傘を久保さんに差し出した。

「いただきます。ありがとうございます。僕からはなんにもないけど……」

「もちろんだよ。これからも元気で頑張ってね」

タクシードライバーの出入りは激しい。花束や別れの行事などない。

所長や事務職員の人たちにあいさつをして、営業所をあとにする。

駅に向かう途中、この時間に出社してくるドライバーたちとすれ違う。今日も無事故で頑張って。そんなことを思いながら、通いなれた京成関屋駅までの道を淡々と歩く。


た。薬を飲み続けているおかげか、それ以来この症状が現れることはなかった。

某月某日 **退職後**：おひとりさまの暮らし

私は２０１６年10月15日付で退社した。65歳だった。

退職後、おひとりさまの生活が始まった。

もう、朝の5時30分に起きだして、眠い目をこすりながら身支度を整え、会社に行く必要もない。いつまででも好きなだけ寝ていられる。

はじめの10日ほどはまったく何もせず、ぼーっとしていた。

それでも最初の1カ月*は5時すぎになると自然と目が覚めていた。一瞬、起き上がろうかと思い、ああ、もう辞めたのだと思い直す。

ふつうの生活スタイルに慣れるまで1カ月ほどかかった。

午前中は掃除、洗濯、ゴミ出しなどを片付け、のんびりと新聞を拾い読みする。

午後は食事を兼ねて散歩に出かける。

退職すると、この仕事への未練や感慨深さが去来するのではないかと思ってい

**最初の1カ月**
退職後、自由人を気どり、「チョイ悪オヤジ」を真似して、人生初の口ヒゲをはやしてみた。鏡を見るたび、ただのみすぼらしいおじいさんがいる。すぐに剃り落とした。

たが、自分でも驚くほど淡々とした思いだった。飽きて何かしたくなるかと思ったが、さほど飽きもしない。

15年ものあいだ勤めたのに、これだけ何も思わないのもなんだか不思議だった。


こうして私は年金生活者となった。

もともと酒やタバコはやらない。

第2章で記したとおり、一時は病みつきになったパチンコも、還暦になる前に自然と遠ざかってしまった。

パチンコ台の仕様が若者向けになり、投資金も多額で、気楽に遊ぶことができなくなっていた。「もういいか」という思いで打ち止めとなった。情熱は消え失せ、パチンコ屋の前を通っても心が動くことはなくなった。

一時期は楽しみにしていたゴルフもいつのまにかやめた。ゴルフ場まで出かけるのがおっくうになり、クラブも処分してしまった。

クルマやバイクはもちろん自転車さえ所有していない。料理はしないので、スーパーの日替わり品や冷凍食品などで済ませる。

旅行にも行かない。* 身のまわりの服や靴などはバーゲンセールの安物で十分である。生活の中で必要なのは、電気、ガス、水道、家賃、新聞代、スマホ代くらいである。

以前からそうだったが、「人は人、自分は自分」という割り切りができるようになった。他人をうらやましいと思うこともなく、特別に欲しいものももう何もない。

持病のため、通院と薬代は欠かせない。これが月に8000円ほどの出費となり、意外に大きい。国民健康保険により2割負担で済むことがじつにありがたく感じられる。

受給年金は月に12万円ほどで、そのうち家賃が6万円、そのほかの生活費が5万円に、医療関係の出費があり、切り詰めても毎月2~3万円は足りなくなる。足りない分は、わずかな貯金と、母の数十万の遺産を切り崩す。

その金も近いうちになくなる。なんとかしなければと思うが、なんとかなるだろうとも思う日々である。

**旅行にも行かない**
ひとり息子が仕事でタイに赴任していたことがある。彼から「おふくろは2回来てくれたけど、おやじは一度も来てくれなかった」と言われた。行かないのではなく、仕事や金銭的な問題で行けないのだ。以前の卸業のときには、当時景気のよかったメーカーの招待で何度か海外旅行に行った。倒産以降は一度も海外旅行をしたことはない。

## 某月某日　尊敬のまなざし：シルバーの駐輪場整理員募集

生前の母が「貧しくても心の中に誇りを忘れるな」とよく言っていた。戦時中の標語に「欲しがりません　勝つまでは」というのがあったそうだが、今の私は「欲しがりません　死ぬまでは」である。

私には今、ささやかな楽しみがある。

楽しみのひとつは偶数月の15日である。言わずと知れた年金支給日だ。金はたいして必要としていないが、完全に必要としないわけではない。２カ月分24万円が振り込まれる日が、数日前から待ちどおしい。

もうひとつの楽しみは70歳になったことだ。

私は２０２１年9月に70歳になったばかりだが、70歳になると、「東京都シルバーパス*」が１０００円で発行してもらえる。これさえ手に入れば、都内はどこへでも行き放題なのだ。

**東京都シルバーパス**　高齢者の社会参加を助長し、高齢者の福祉の向上を図ることを目的とし、東京都の支援のもと、東京バス協会が実施している事業。このパスがあれば、都内の民営バスと都営交通が乗り放題となる。

趣味で時間つぶしの散歩はタダのうえ、健康的で体にも良い。「シルバーパス」を手に、以前仕事で行ったことのある場所へおもむく。どこへ行けと指示されることも、道を間違えたとクレームを言われることもない。

都内の川沿いはどこも整備され、散歩には最適だ。

神田川、隅田川、荒川、江戸川、中川、目黒川、石神井川、妙正寺川《みょうしょうじがわ》、呑川《のみかわ》、大横川《おおよこがわ》、仙台堀川《せんだいぼりがわ》、横十間川《よこじっけんがわ》、北十間川《きたじっけんがわ》などを歩きまわる。疲れたら「シルバーパス」を使って帰宅する。この楽しみを謳歌している。こんな小さな楽しみがある生活も悪くない。

かつてのタクシー仲間たちは、ほとんどがいまだ現役のため、自然と疎遠となった。

人との交流を求めて、区が主催する無料の「健康麻雀」サークル*に参加する。週に1回ほど、そこにつどう同年代の方たちと交流している。

あるとき、区の公報紙の求人欄に「シルバーの駐輪場整理員募集」を見つけた。日当で8000円とある。興味が湧いて、すでにその仕事についている知人の藤

**「健康麻雀」サークル**
シニアのサークルで「(金を)賭けない」「(タバコを)吸わない」「(酒を)飲まない」の「3ない」という方針で、頭に

原さんに電話した。彼は私より5歳年上で、「健康麻雀」サークルの仲間でもある。

「健康」を冠している。

「内田さん、一応応募してみれば。でもたぶんダメだと思うよ。この仕事はほかの草とりや掃除作業にくらべてラクだから順番待ちなんだよ。それに場所次第で、きついところとラクなところがあって、自分で選べないんだ。現に俺は今の場所から来月、金町《かなまち》のほうへ行かされるよ」

藤原さんの話を聞いているうちに、及び腰になっていく自分に気がついた。

世間は思っていたより厳しいのだ。

そんな私は、街中で目にする、黄色の安全帯をつけた自転車整理員や交通誘導員たちを尊敬のまなざしで見るようになっている。

## 某月某日　**嘆きのコロナ**：現役ドライバーの告白

2020年春からのコロナ禍は、タクシー業界にとってもかつてのリ

ーマンショックとは比べものにならない大打撃である。

ある日、両手に重い荷物を抱えていたので、駅のつけ待ちタクシーを利用した。「近くですみません」の私の声に「はい」とがっかり気味の小さな返事。つけ待ちしていて短距離のお客だった際のドライバーの気持ちはよくわかる。

道の行き方を伝えてもあからさまにやる気なさそうに「はい」というだけ。ワンメーターで申し訳ないと思っていた私は、1000円で支払い、残りをチップにするつもりだった。しかし、その反応を見て、チップを支払うのももったいなくなり、釣り銭をそのまま受け取った。

コロナ禍で苦しいときこそ、気持ちのよい接客をすることが自分のためにもなると思うのだが……。

コロナによる影響について、私は知り合いの現役ドライバー数名に話を聞いた。70代の川名さんは、私が現役時代、お世話になった班長でもある。

「リーマンショックでも街には人はいたでしょ。タクシーに乗る人が減っただけだった。でも、今は人そのものがいない。こんなことは初めてだよ」

電話口で苦笑した。

「銀座はゴーストタウンだね。夜の銀座が〝死の街〟になったから、新宿歌舞伎町とか六本木界隈に流れるドライバーも多くてね。でもみんな考えることは同じだから、そこも客待ちのタクシーであふれている。稼ぎ時の青タンも絶望的だね」

タクシー、バスなどの業界紙「東京交通新聞」によると、都内のタクシーの稼動率が前年比35％まで落ち込んでいる*という。

都内のあるタクシー会社の約600人の運転手が全員解雇と話題になった。

「昨日の朝9時から、今朝の午前3時まで乗っていたんだよ。それでいくらだと思う？　3万円ちょっとだよ、信じられるかい？」

川名さんは、社内に貼り出される成績表でもつねに上位グループにいた。平均を行ったり来たりだった私のはるか上を行く、成績優秀なドライバーだった。その彼にして、この営収なのだ。

「会社からは最低でも4～4・5万円は売り上げろって尻を叩かれるけど、無理なもんは無理だよ。どうにもならねえ」

**落ち込んでいる**
緊急事態宣言が発令された2020年4月の都内特別区（都内23区、武蔵野市、三鷹市）のタクシー1台あたりの平均営収は1日2万2511円と通常の約半分まで落ち込んでいる（「東京交通新聞」より）。

私が現役時代、彼は日に6~7万円は売り上げていたはずだ。それが半分に落ち込んだ。

「俺はこの仕事で家族も養えた、子どもも2人育てあげられたし、いい職業だと思っている。でも、今の人はかわいそうだ。新しい人が入っても、すぐ辞めてしまう。食えないんだから仕方ないよ」

「内田さんはいいときに辞めたかもしれないよ」という川名さんの言葉が耳朶《じだ》にこびりついている。

# あとがき――4万人以上の人と接して

「世の中に寝るより楽はなかりけり　浮世の馬鹿は起きて働く」

幼いころ、そばで寝る祖母がよくこんなことを言っていた。

大田南畝《おおたなんぽ》作の狂歌は「少欲知足」、自分のための時間や主体性を犠牲にしてまで必要以上の収入を得ることはない、という意味らしい。

それでも多くの人は、起きて働かねばならない。大田南畝の言葉を借りるなら、「馬鹿」にならざるをえないのだ。

夜中の3時、つけ待ちしていても見えるのはときどき動くホームレスだけ、あたりに人っ子一人いないとき、「俺はいったい何をしているのだろう」とため息をついた。

なかなかお客が見つからないとき、信号待ちで隣に並ぶバス*の運転手がうらやましかった。

**隣に並ぶバス**
たとえば台東区を循環する「めぐりん」という小型バスは区内各地を網羅していて、ワンメーター客については強力なライバルとなっている。

彼らは道も定期コースなので迷うこともない。行き先を間違ってお客に罵倒される*こともない。何より必死でお客を探し回らなくていいのだ。

15年間携わって、4万人以上の人*と接してきた。

本書に記したとおり、よい思い出も、そうではない思い出もある。振り返れば、すべてなつかしい。

格好つけずにいえば、家業が倒産したあのときの私にはこの仕事しかなかった。タクシードライバーという仕事だけが私を受け入れてくれた。そして、そのまま15年の歳月を走り抜いた。

この15年がよかったのか悪かったのか、その判断をくだす必要ももうない。

私にはそうやって生き抜いたという事実があるだけだ。

2021年9月

内田 正治

**お客に罵倒される**
暴言はたくさん受けたが、椅子を蹴られたり、身体に触れられたりしたことは一度もなかった。同僚の話を聞くと、私は運がよかったのだと思う。

**4万人以上の人**
1回の勤務で20人乗せるとして、1カ月12出番だと、月に240人。1年で2880人×15年で4万3200人になる。

**内田正治◉うちだ・しょうじ**
1951年埼玉県生まれ。大学卒業後、家業である日用品・雑貨の卸業を継ぐべく専務として勤めるものの会社が倒産。両親と息子を養うため、50歳のとき、タクシードライバーに。以来、65歳で退職するまで15年間にわたり1日約300キロを走行。その悪戦苦闘の日々を本書につづる。現在はコロナ禍による元同僚たちの苦境に思いを馳せながら、おひとりさま生活の日々。

---


**タクシードライバーぐるぐる日記**

二〇二一年 一〇月 一日 初版発行
二〇二一年 一〇月 八日 二刷発行

著　者　内田正治
発行者　中野長武
発行所　株式会社三《さん》五《ご》館《かん》シンシャ
〒101-0052
東京都千代田区神田小川町2-8 進盛ビル5F
電話 03-6674-8710
http://www.sangokan.com/
発　売　フォレスト出版株式会社
〒162-0824
東京都新宿区揚場町2-18 白宝ビル5F
電話 03-5229-5750
https://www.forestpub.co.jp/
印刷・製本　中央精版印刷株式会社



ISBN978-4-86680-920-5
＊本書の内容に関するお問い合わせは発行元の三五館シンシャへお願いいたします。
定価はカバーに表示してあります。
乱丁・落丁本は小社負担にてお取り替えいたします。

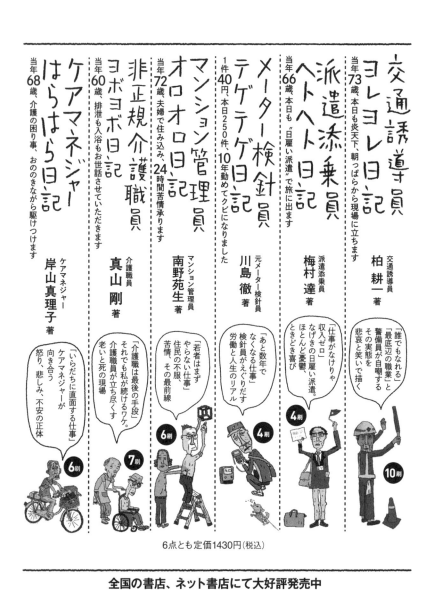